中小学校园足球文化氛围营造与建设

周活新 / 著

东北师范大学出版社

长 春

图书在版编目（CIP）数据

中小学校园足球文化氛围营造与建设 / 周活新著
. — 长春：东北师范大学出版社，2020.5
ISBN 978-7-5681-6889-2

Ⅰ.①中… Ⅱ.①周… Ⅲ.①足球运动—体育文化—
校园文化—建设—中小学 Ⅳ.①G637.3

中国版本图书馆CIP数据核字（2020）第088770号

□策划创意：刘　鹏
□责任编辑：邓江英　沈　佳　□封面设计：姜　龙
□责任校对：刘彦妮　张小娅　□责任印制：张允豪

东北师范大学出版社出版发行
长春净月经济开发区金宝街 118 号（邮政编码：130117）
电话：0431-84568115
网址：http://www.nenup.com
北京言之凿文化发展有限公司设计部制版
廊坊市金朗印刷有限公司印装
廊坊市广阳区廊万路 18 号（邮编：065000）
2022年6月第1版　2022年6月第1次印刷
幅面尺寸：170mm×240mm　印张：9　字数：140千

定价：45.00元

校园足球文化是基于校园足球运动而产生的一种文化，它的内涵非常广泛，包括足球本身的文化，如足球竞技文化、足球训练文化、足球联赛文化等，还包括足球衍生出来的文化，如足球标志文化、足球精神文化、足球青训文化等。在本书中，校园足球文化是一种大文化观，即一切与校园足球相关的物质或精神成果，都可以视之为校园足球文化，比如培训文化、联赛文化等。

一、校园足球文化概述

要想了解校园足球文化，我们先要了解校园足球。为了更好地发展体育精神，促进学生身体健康成长，提高足球竞技水平，培养足球人才，一些学校正在大力推广校园足球运动。"校园足球"就是以学校为中心，以学生为主体的学校足球运动。"校园足球文化"就是以学生为主体，以课外活动为主要内容，以校园为主要空间，以校园精神为主要特征的一种群体文化。学校在开展校园足球教育活动的同时，其最终目的就是形成一种"热情、参与、合作、拼搏"的足球特色文化，并把这种文化精髓融入学校各方面的工作中，用特色文化引领、激励、提升学校的整体办学水平。

校园足球文化的核心价值观是足球运动的制度化、法制化、和谐化。校园足球文化的构建不是为了让所有的学生都成为专业的足球运动员，而是希望通过校园足球文化的构建，使学生对足球运动产生兴趣，这样既能扩大足球运动的普及度，也能使学生在学习的同时兼顾身体锻炼，提升国民身体素质。

校园文化是一种特殊的文化，它既有人文特征，又有教育特征，它是一个学校长期传承下来的思想观念、学术精神、价值观、思维习惯、人文传统、制度建设等精神素质和校园物质建设素质的综合。校园足球文化是校园文化的重要组成部分，所以校园足球文化同样有校园文化的特征，它是以学生为主体，以校园为主要空间，以足球活动为主要内容而体现出来的一种精神文化。校园足球文化通过足球活动或者足球比赛，弘扬拼搏精神、吃苦耐劳精神、团结合作精神、永不放弃精神。校园足球文化包含丰富的内容并呈现多样的形式——隐性显性的，有形无形的，动态静态的；可以表现在物质上，也可以表现在精神上，但更多表现在实践上。校园足球文化重在建设。建设就是实践，建设就是要让全体师生参与进来。各种各样的足球活动，不仅可以缓解学生的疲劳感、紧张情绪和压力，而且可以培养学生的组织能力和交往能力，使学生通过接触学会相互帮助、理解和信任；使师生相互接触，增进沟通；使校园足球文化建设真正落到实处，充分发挥校园文化在学校发展中的原动力作用。

二、中小学校园足球文化的重要性

1. 校园足球文化建设是一所学校，特别是足球特色学校取得成功的重要条件

一所好的学校，必定有良好的学风、校风。积极、有效的校园足球文化建设是促进这种良好学风、校风形成的有效途径。而对于足球特色学校来说，积极、有效的校园足球文化建设，更是推动学校各项足球活动有效开展的必要举措，只有这样，学生才能得到更有效的锻炼，足球人才才会源源不断地脱颖而出。

2. 校园足球文化建设是实现学校体育教育目的的有效措施

在我国深化教育改革，全面推进素质教育的形势下，中小学校体育教育正向强身育人的素质教育转变，学校体育教育的目的是促进学生的身心健康。

校园足球文化有很强的教育功能，这种功能不同于我们的体育教学过程。它不是以强制性手段来使学生接受体育教育，而是提高校园内群体参与足球活动的意识，使学生在一个充满足球文化的环境氛围中，领略足球运动的魅力。校园足球文化作为一种环境文化，可使学生在不知不觉中接受足球文化教育，并内化为对体育的深刻理解，达到在体育认识上的提高，牵引行动上形成体育锻炼的习惯，从而形成终身体育锻炼意识。

3. 校园足球文化建设是师生强身心、健体魄，促进对外交流的重要平台

校园足球文化的建设让更多的中小学生参与到足球运动中来，让更多家长认识足球运动的积极面。足球运动有助于思维的灵活转变，特别是对中小学生，长期进行足球运动有助于学生进行自我认识、自我教育，在运动中锻炼自我，培养吃苦耐劳的精神，在比赛中学会拼搏，增进友谊，培养团队意识、合作精神。足球比赛中的优胜劣汰及比赛过程中的跌宕起伏也可以逐步培养青少年勇于接受挫折、坦然面对失败的心理素质。另外，通过"走出去、请进来"的方式，学校也为师生提供了与外界交流的平台，能够让师生通过交流发现自己的不足，学习和汲取别人好的方法和经验，不断推动校园足球文化的完善和发展。

三、中小学校园足球文化建设的基本策略

1. 建立各级足球队

班级有班队，年级有年级队，学校有校队。各级足球队建立起来以后，要推进学校各级足球队的常规活动和竞赛，营造浓厚的校园足球氛围，激发学生的足球热情。同时不断扩大学生的参与面，参与的人多了，锻炼的效果就有了，人才也就会逐步显现出来，这样学校校园足球文化建设才会走向良性循环。

2. 加强家校联系，转变家长的足球观念，争取家长的支持

校园足球能顺利开展，与家长们的支持是分不开的。现在一个家庭的孩子少，很多家长只关注子女的学习成绩，对于子女的身心健康却关注不够。对于子女的运动参与，很多家长是不支持的，甚至是反对的。这就需要学校、老师、学生共同想办法，加强与家长们的联系、沟通、交流，邀请他们到学校观看孩子们踢球，让他们融入足球氛围中，转变他们的足球观念，取得他们的支持。

3. 科学合理设置足球课程，增加投入完善场地设施

要增加足球课程的设置，教材的安排要以最大限度地满足学生对足球运动的需求和兴趣为出发点。要尽量采用一些技术难度小、容易掌握且学生感兴趣的技术动作。此外，要科学规划、加强投入，对现有场地、设施进行完善。同时开辟更多的新场地，让学生有一个学习锻炼的好去处。这样，校园足球就会呈现一派井然有序、欣欣向荣的景象。

目录

第一章
校园足球发展是时代趋势

第二章
中小学足球文化建设内涵与基本途径

第三章
通过校园足球联赛推动校园足球文化建设

第四章
推动中小学校园足球美学文化建构

第五章
打造中小学校园足球品牌文化

第六章
中小学校园足球文化建构其他因素探讨

第一章

校园足球发展是时代趋势

校园足球文化氛围的营造与建设，必须基于校园足球运动这一前提。校园足球文化从校园足球运动中诞生，并伴随校园足球运动的发展一起成长，没有校园足球运动，校园足球文化就是无源之水，无本之木。因此，在探讨校园足球文化营造与建设的时候，我们必须明白：校园足球运动是校园足球文化的根源和载体。在我们这个时代，校园足球是一种时代趋势，伴随这种趋势发展的，就是校园足球文化。

第一节　校园足球发展是现实需要

一、加强校园足球工作是中国足球崛起的现实需要

　　足球运动是当之无愧的世界第一运动，深受世界各国人民的喜爱，是传播范围最广、影响力最大的体育运动之一。现代足球20世纪初传入我国，但是并没有得到快速的发展。中华人民共和国成立后，在党和政府的大力支持下，现代足球运动有了全面的普及和较大规模的发展。1992年，足球运动改革作为体育改革的突破口，走上了职业化发展道路。经过20多年的改革与发展，中国足球取得了瞩目的成绩。但无以回避的是，与改革初期的轰轰烈烈相比，足球运动的发展步伐在减慢，另外，各种矛盾的碰撞、利益的纠结、新旧体制的摩擦等不利因素也牵绊了我国足球运动的健康发展，这直接影响我国足球运动员水平的提高。与足球发达国家相比，中国足球水平一直处于弱势地位，未能"走向世界"，甚至无法"称雄亚洲"。中国足球长期徘徊在世界杯之外，也很少出现顶级足球明星，更缺乏具有世界影响力的赛事，尤其是近年来，中国足球在世界杯、奥运会、亚洲杯等一系列大赛中遭遇完败，将中国足球打入谷底。中国足球目前的这种发展状况引起了全国亿万民众的关注。在亚洲，中国足球不管是竞技水平，管理水平，还是世界影响力，都落后于日、韩等国。中国足球如何走出困局，不仅关系中国的体育运动发展，也在很大程度上关系广大人民群众的情感诉求。中国足球运动水平落后已成为客观存在的现实，其原因是多方面的，但是其根本原因在于处于基础地位的青少年足球的薄弱。

　　纵观我国足球发展历程，特别是足球职业化改革以来，青少年足球人口在经历短暂的虚假繁荣后，其数量和质量都不足以继续支撑我国足球的发展需要。综合足球发达国家的成功经验：一个国家的足球运动水平与青少年足球运

动的发展直接相关。夯实青少年足球基础,是提高国家足球运动水平的前提条件。世界上著名的顶级足球俱乐部,都有成熟的青少年足球运动员培训体系。以西班牙的巴塞罗那俱乐部为例,其足球青训项目是顶级的,并且诞生了梅西、伊涅斯塔、皮克等诸多世界级巨星。我国大部分俱乐部都对青训人才重视不够,这使得我国青少年足球人才严重匮乏,中超顶级俱乐部,基本上都以高价购买顶级外援为主。面对我国民众对提高中国足球水平的强烈诉求和世界足球运动的快速发展形势,如何进一步加强青少年足球工作,促进青少年足球的科学发展,为中国足球的崛起打下坚实的基础,是当前亟待研究的课题。而校园,则可以形成良好足球人才培养和文化培育体系,助力培养青少年足球运动人才。

二、校园足球的健康持续发展需要进行科学的战略规划

全国青少年校园足球活动自2009年启动以来,在发展过程中取得了一定的成就,但是也存在这样或那样的问题和不足。按照《关于开展青少年校园足球活动的通知》的精神,校园足球以"阳光体育运动"为背景,以"增强学生体质,培养青少年拼搏进取、团结协作的体育精神"为思想指导,充分开发体育系统内的人才资源、教育系统的教育资源及社会各方面有利于青少年足球事业发展的因素,目的是要在普及、扩大学生足球活动规模的基础上,发现、培养有潜力的优秀苗子,实现青少年足球后备人才全面、可持续性的发展。

校园足球自启动以来,取得了一定的发展成就和宝贵经验,但是这种人才培养方式在实践过程中日益暴露诸多问题,如出现了重蹈"锦标主义"等急功近利的不良倾向。这违背了校园足球活动的初衷,影响了校园足球的实施成效,不利于校园足球的持续发展。这归根结底是由于未树立正确的校园足球发展观,以至于存在诸多不科学的地方,导致校园足球活动未能向预期的方向发展。任何事物都需要以完整的、系统的发展理论作为自身的指导思想和行动指南,校园足球发展同样如此。"校园足球活动是一项系统工程,其发展需要有明确的目标和发展方向。"时任足球运动管理中心主任韦迪如是说,"不是基于科学的发展理论指导下形成的发展战略,必定是短命的,缺乏持续稳定性。"因此,在对校园足球发展过程中所取得的成就和经验、瓶颈和不足进行

理论分析，对今后校园足球发展进行战略思考的基础上，研究和制定既符合我国基本国情，又兼顾时代发展特点的校园足球发展战略，为校园足球实现健康、持续发展提供理论指导。这是当前一项紧迫的任务。

我国校园足球要想得到可持续良性发展，必须在汲取足球发达国家青少年足球和校园足球培养体系经验的基础上，结合我国教育和足球现实情况，制定专门的战略，推动校园足球的发展。

第二节　校园足球的概念及其内涵

一、校园足球概念

面对中国足球一线队员成绩的全线溃败、职业联赛的混乱现象及青少年足球人口的极度萎缩，党中央、国务院把提升中国足球的突破口放在大力发展青少年足球、夯实足球发展之上，提出"坚持体教结合，大力发展校园足球"的明确指示。在此背景下，以中共中央国务院高度重视青少年体育、青少年体质为契机，作为贯彻《关于开展全国亿万学生阳光体育运动的决定》的一项配套工程，国家体育总局与教育部联手于2009年4月下发《关于开展全国青少年校园足球活动的通知》（以下简称《通知》），并于2009年6月在北京回民学校正式启动全国青少年校园足球活动（以下简称"校园足球"）。校园足球工程的实施自此拉开序幕。

然而，何谓"校园足球"？目前的相关研究中尚没有明确的概念界定，本书对其进行如下定义：校园足球是一项由国家体育总局与教育部合作，以布局城市定点学校为依托，以在校青少年学生为参与主体，以足球联赛为杠杆，通过形式多样的足球活动，为增强青少年体质、普及和推广足球运动、发现和培养足球人才而开展的足球教育活动。或者，可以对"校园足球"进行一个更加广泛的定义：一切以学生为主体，在校园中开展的足球运动，都可以被称为"校园足球"。

二、校园足球内涵

为了方便更深入地了解校园足球，下面对校园足球的内涵加以具体说明。

1. 校园足球是阳光体育运动的配套工程

当前，我国教育、体育系统正在全面贯彻《中共中央国务院关于加强青少年体育增强青少年体质的意见》，广泛开展全国亿万学生阳光体育运动，而足球运动以其自身独特的魅力深受青少年儿童的喜爱。因此，校园足球作为推动阳光体育深入开展的配套工程，其优势得天独厚。可以说，以足球运动为推手，推动阳光体育的深入开展是校园足球的基本目的。与此同时，多年来少有的全国上下重视青少年体育的良好局面，也为校园足球的开展创造了有利条件和提供了环境保证。

2. 校园足球是青少年足球的重要组成部分

校园足球的参与主体是在校的中小学生，因此，校园足球理所当然应该是青少年足球的重要组成部分，而且其意义非凡。时任国家体育总局局长的刘鹏在国务院新闻办公室举办的"新中国成立60年体育事业发展"新闻发布会上提出，将校园足球作为改变我国足球后备人才极度匮乏现状的重要举措之一，通过多种多样的活动形式，激发青少年学生对足球的兴趣，吸引他们参与其中，从而扩大青少年足球参与人口及后备人才基数。这足以说明校园足球在我国青少年足球发展过程中的重要地位。

3. 校园足球是"体教结合"的一次新的尝试

校园足球是国家体育总局与教育部首次为单个运动项目联合发文启动的项目，相对传统的"体教结合"模式，凸显两部委之间的相互协作、相互支持，通过充分发挥体育系统和教育系统的资源整合优势，实现校园足球发展目标。

4. 校园足球采取"以点带面"的发展形式

校园足球采取"以点带面"的发展形式。校园足球首次确定在全国范围44个布局城市的1470所小学、776所初中定点学校（共计2246所）中开展。目前，校园足球的总体规模已扩大至47个全国布局城市（4个直辖市、22个省会城市、21个其他城市及新疆生产建设兵团）、3个试点县（市）（陕西省志丹县、河南省临颍县、江苏省泰州市姜堰区）和5个省级校园足球单位（甘肃省、浙江省、江苏省、陕西省、河北省），约有3000余所中小学参与开展校园足球。

5. 校园足球的工作内容和手段多种多样

校园足球的目的具有多元性，这也决定了校园足球工作内容和手段的多样性，不仅包括课余训练和足球联赛等内容，更重要的是，作为阳光体育的推广模式之一，足球教学及丰富多彩的课外足球活动和群体性竞赛活动也是开展校园足球的有效载体。

三、校园足球开展的形式范围、功能及意义

1. 校园足球开展的形式和范围

根据相关文件要求，校园足球开展形式主要通过国家级（国家体育总局、教育部）、省级、市级层次的足球专项小组，进行引导并对资金、配套设备进行供应。而校园足球开展的范围先是试点学校，然后逐渐推广到全国，逐渐做到普及足球运动。学校以班级为单位开展与足球相关的游戏、训练、教学及竞赛等活动，培养出班级优秀足球运动员，然后让其参加上一级别的足球争霸赛。这样通过层层竞赛、层层选拔，可以为我国足球产业和国家队源源不断地输送高素质、高水平的足球运动员。

2. 校园足球开展的功能

校园足球运动的开展，是对体教结合教育理念的一种创新。通过在学校校园里推广和普及足球运动，不但使足球理论知识、专业技能得到普及，得到全国人民特别是青少年儿童的认同，而且还极大地促进了学生团结协作、拼搏进取等良好品质的形成和身心的健康发展，同时也为国家队、足球产业提供了大量的优秀后备人才。校园足球运动的开展将学习与运动有效结合起来，可谓一举多得，相得益彰。

3. 校园足球开展的意义

我们都知道，足球是世界上最受欢迎的体育运动之一，同时它也是世界上参与人数最多的运动，是一种大众运动。可是作为世界上人口最多的国家，足球运动在我国并没有受到应有的重视，人们对足球运动还没有一个清晰的认知，踢足球远远没有打乒乓球盛行。而校园足球运动的开展，从源头上唤醒了人们特别是青少年儿童对足球运动的认知，使得足球知识与技能得以普及。同时，校园足球运动的开展还肩负着培养学生吃苦耐劳等良好品质，促进学生身心发展，为中国足球培养专业人才以及实现中华民族伟大复兴的责任与义务，可谓意义深远。

第三节　推动校园足球发展的策略

一、贯彻政策指导思想，注重管理与监督标准

在过去很长一段时间里，足球后备人才的培养主要通过少年体校、足球传统学校等来实现。现在，国家体育总局和教育部联合倡议在校园开展足球活动，并制定方针和政策来指导校园足球活动的开展。但是受传统思想影响，全国校园足球活动的组织者和工作人员很容易将活动的目标界定为"足球精英舞台"。这是与政策相悖的做法。校园足球的开展首先应该是教育，其次是普及学生足球方面的知识和技能，并在普及的过程中锻炼学生身体素质，扩大学生参与足球运动的基数，并不是纯粹为了培养优秀的足球职业选手或者高水平运动员。

从以往足球工作经验来看，如果对活动的指导思想不能够很好地理解和掌握，那么即使活动开展得再热闹，效果也不会好到哪里去。所以，校园足球试点中小学的组织者、实施者首先要对"全国青少年校园足球活动"指导思想进行理解和把握，明确自身的义务所在——利用体育课、课外活动开展足球教学，通过各种足球比赛和游戏，培养学生热爱足球、参与足球运动的兴趣，让学生体会到足球的乐趣。在确切把握此次活动的思想、目标和自己的义务后，接下来要做的就是将这些目标、义务落到实处，并加强监督与检查。主要从以下几个方面着手。

1. 明确校园足球领导机构和构建联合监督机制

足球领导机构主要由校园足球领导办公室负责，安排专人管理；联合监督机制由学校、社会、家长及媒体机构共同制定，对学校足球运动的政策、经费等实行公示制度。

2. 校园足球目标的确立

以足球的普及、推广为己任，以学生兴趣培养和享受足球快乐为目标，对比赛成绩进行淡化处理。注重校园内部足球活动的组织，并制订考核计划和标准，实行一票否决制。

3. 严格规定校园足球的训练时间

将学生的学习成绩与训练时间直接挂钩，只有学习、训练两不耽误的学生才能继续训练，否则暂停其训练，直到其文化成绩提升上来。这样能够有效将文体结合起来，达到预期效果。

二、多形式组织校园足球活动，加强赛事交流

校园足球运动要想持续开展下去，必须去除"足球精英舞台"，建立"大众舞台"，开展多种形式的足球活动。比如，在进行竞技技能教学时注重对环境氛围的营造，开展足球游戏等，使多种组织形式的足球活动协调开展、互相促进，从而使我国校园足球活动得以普及和推广，使学生真正享受到足球所带来的快乐。

1. 开展"校园足球嘉年华"，积极促进校园和足球的融合

校园足球的宣传和推广，真正使足球运动走进校园，使学生能深入了解足球文化，同时使与足球有关的前沿资料、赛事信息和起源规则等知识得以普及，使学生的身体素质、足球技能和战术意识得以提高，从而培养学生对足球的兴趣，发扬足球精神，促进足球文化在校园内外的传播。可以在校园里开展"校园足球嘉年华"活动、足球知识趣味问答活动，或邀请足球俱乐部、足球队的教练员和球员进行有针对性的指导和示范，并建立长期合作，不定期开展足球训练活动。通过这些活动，可以提高学生参与足球运动的积极性，同时给校园足球的发展带来积极的影响，为上一级足球俱乐部、足球队输送人才。

2. 组建校园足球集训活动

校园足球的集训活动主要集中在学生的寒暑假。其开办目的在于利用学生的假期时间，为广大青少年提供一个一起学习足球技战术的机会，促进校园足球的传播与发展。活动组织形式有以下几个特点：首先，学员按年龄层次进行分组练习，按组别进行考核，考核内容为足球训练活动和足球比赛战术；其

次，在开展足球教学活动的过程中，适当安排演讲、朗诵、才艺展示等综合能力的活动；再次，邀请专业足球教练指导培训，并开展足球论坛讲座进行交流活动；最后，评比出优秀的训练活动后备人才，并向足球俱乐部和足球队推荐。此活动可以让学员在轻松学习足球技战术的同时，兼顾文化学习和素质培养，促进学生的全面发展和校园足球的传播。

3. 实施和完善校园足球联赛

自2014年教育部提出逐步建立和完善校园足球联赛机制以来，各省、市教育部门积极响应，配合当地相关体育部门，实施校园足球四级联赛机制。在举办过程中，一般以省、市为单位，以足球特色学校为参赛队，进行循环制比赛。小学、初中、高中、大学四个级别学生的四级联赛分别作为一个单元进行，互不干扰，向上有省级和国家的校园足球联赛，向下也可以进行区级或校内各班级间的足球比赛。校园足球联赛的实施与完善，不仅可以在锻炼学生身体的同时，培养其坚韧不拔的意志和团队协作精神，而且可以极大地加快校园足球的前进步伐，快速实现全民足球的设想。

三、激发学生兴趣，提高其校园足球参与度

校园足球活动首先应该是教育，然后才是普及足球运动，并在开展活动的过程中不断提高学生足球竞技水平。要想让试点学校的校园足球活动更好地开展下去，真正做到普及校园足球，那么就要对学生的意愿和态度进行深入分析和总结。

1. 为学生创造一个良好的物质条件

有的试点学校学生的参与积极性很高，可是学校苦于校区在市中心，即使加大资金的投入，也很难扩大足球场地。这就要求试点学校对场地进行合理改造，或者有效利用空间开展校园足球活动。可以在课间操的时间开设和足球有关的活动等，增加学生足球活动的参与时间，提高其参与足球活动的效率。这也是促进试点学校校园足球活动开展的基本策略。

2. 根据年龄进行分层教学

校园足球活动是一个系统的阶段性活动，每个阶段都有其不同的要求，要根据学生年龄进行分层教学。在不同的年级，具体的教学内容各不相同，由简

单到困难。以熟悉球性为例，学生在三四年级学习揉球，踩球和脚背正面颠球等，五六年级则学习多部位颠球等技术动作。不能提前教授低年级学生复杂的内容。如果技术太难，同一技术动作学习时间过长，会极大地打击学生的积极性。为提高其积极性，后期也可组织一些趣味足球比赛，包含一些基本项目，如正脚背颠球、多部位颠球、定点踢球击标志桶等。

3. 以游戏方式教学

多研究足球教学方法，开发足球趣味游戏，从根本上吸引学生学习和参与足球运动，而不是死板地进行教条式教学，以便让学生主动自发地喜欢足球、热爱足球，愿意为足球顽强拼搏，刻苦训练。

四、拓宽宣传渠道，转变家长传统观念

传统观念下，许多家长担心踢球可能会减少学生的学习时间从而对学生的文化学习产生不良的影响，因此不让学生参与足球练习。现代观念认为，体育锻炼和文化学习之间没有必然矛盾，如果两者能有效结合，不但不会影响学生的课程学习，反而会促进学生其他成绩的提升和身心的全面发展。因此要通过新闻媒体、网络邮件等诸多渠道宣传这一理念，形成导向性效应，让众多的学生家长转变原有的教育理念，认可校园足球活动，从而能潜移默化地影响学生对校园足球的态度。

校园足球的发展离不开家庭和社会的影响，换句话说，只有足球运动在社会中的影响力越来越大，喜欢足球的家长越来越多，受家庭和社会环境的影响，学生才会越来越喜欢足球。学校可以组织亲子足球活动，让家长和学生一起体会足球的乐趣，或者邀请家长观看学生校内足球比赛，等等。在家长参与的情况下，学生不仅能了解足球，锻炼身体，而且可以促进与家长的交流，加深相互的理解。

五、加大培养力度，提高教练员水平

校园足球运动发展水平与校园足球试点学校的教练员水平息息相关。现阶段，这些学校的足球教练员无论是专业理论知识还是专业技能水平都不是很高，因此要想促进校园足球运动的蓬勃发展，那么就必须努力提升校园足球试

点学校教练员的水平。可以从以下几方面着手进行解决。

1. 大胆实施"人才激励计划"

学校要对足球教练员的主要需求进行了解和掌握，并依据他们合理的需求制定相应的激励措施，以此提升他们的工作积极性、主动性。比如，有的教练员希望学校能够建立健全运动员输送体制，那么学校就要有针对性地着手打通与上级学校进行足球人才输送的通道，为教练员向上一级别输送足球人才创设条件，并对其输送人才数量给予一定的奖励；有的教练员希望学校对校园足球队的经费投入多一些，以便其顺利开展校园足球活动，那么学校就要展开认真的调研，对其合理要求给予满足，并提高训练补助；还有的教练员希望足球训练与学校的评先选优工作挂钩，那么学校就要制定相应的考核机制，给予他们优惠条件，满足他们的精神追求或晋级需求。

2. 实施教练员综合培训计划

首先，要对足球教练员定期进行专业技能教法培训，并根据实际需要不断调整培训的层次和内容。比如可以开展足球教练员夏令营、冬令营等形式的培训，让各校的教练员们有一个共同探讨交流的平台，能针对活动开展过程中的问题，共同分析解决，对于足球训练中好的经验，能共同分享。此类培训要制定严格的考评机制，对于考评合格的教练员可颁发培训证书；而对于考评不合格的，则要继续学习。其次，要建立网络资源自学体系，让教练员能利用校园网络及官网等网络平台自发学习先进的足球训练理念、丰富自己的知识理论水平。可将教练员的网络学习时间计入教练员参与培训的学时。同时，对于年轻的优秀教练员，要派遣他们去校园足球开展卓有成效的地区学习，不断提升其自身的综合素质，为校园足球发展打下良好的人才基础。

3. 转变思想观念，促进足球活动的传播与推广

要对教练员进行校园足球指导思想的学习与培训，转变教练员思想。校园足球开展的目的是促进我国足球运动的普及及推广，让广大青少年热爱足球。因此要对教练员进行各项与足球相关的文化知识理论的培训，帮助教练员构建扎实的知识体系；同时要建立严格的监督机制，以督促教练员不断地进行学习。总之，学校要通过各种途径和方法，不断提升教练员的各项素养，为试点学校校园足球的发展贡献力量。

第四节　青少年足球培养体制

一、中国青少年足球人才培养体制

1. 青少年体校系统

改革开放之前国内一直沿用传统"举国体制"下的青少年足球培训模式。中华人民共和国成立以后，我国参照苏联模式，并结合我国实际情况建立了体育系统的省、市、县三级体校培训体系，以及与教育系统合作的中小学体育传统学校制度，形成了多级别、多层次的青少年足球运动普及体系。

（1）青少年体校系统。1979年为了重返奥运大家庭，积极备战奥运会，在六大体院设立了竞技体校。省级体校是青少年足球运动普及与教学技能提高的主渠道，主要承担足球运动的普及与教学技能提高和逐级选拔、输送高水平后备人才的任务，多采用三集中的模式。市、县两级中小学校是足球运动普及与教学技能提高的基层单位，主要承担普及和发现人才任务。

（2）体育项目传统中小学校由地区教育部门和体育部门共同创办，注重中小学生的足球运动普及与提高，同时加强学生文化课的提高。足球体育项目传统中小学校是有利于青少年足球开展与普及的又一实训基地，是培养足球后备人才的又一重要途径，这种体育传统中小学为体育人才的输送发挥了很大的作用。

2. 社会化培养模式

20世纪90年代，为适应建立社会主义市场经济体制发展形势的需要，体育项目中的足球管理体制首先进行了产业化、社会化、全民化改革。随着各项改革的深入，足球后备人才培养模式发生了重大变化，政府投资比例越来越少，社会投资比例快速增加。后备人才的培养依靠市场化竞争，讲求投资效益，各级政府以及体育行政部门和足球协会的管理方式越来越趋向进行组织、配合和业务上的指导，打破了计划经济体制下要通过省、市、县开展"举国体制"的三级培训模式，以各种足球运动普及为目标的机构、青少年足球培训俱乐部、业余足球俱乐部等社会力量蓬勃发展，并形成一统天下的格局。

3."多元化"培训模式

一是"竞技回归教育"背景下的中小学校园足球运动普及与技能提高模式。二是职业俱乐部后备梯队模式，将青少年足球特长生培养成具备较高专业水平的职业球员及其他足球人才。经过改革后，职业足球俱乐部培养模式的最大变化是由国家出资培养转变成企业出资、个人出资、企业和个人共同出资以及社会混合型出资，培养主体由职业足球俱乐部向中小学校园转变。当前，我国职业足球俱乐部后备人才培训模式总体为学习、训练、生活三位一体的模式，是足球运动的普及与教学技能提高基地设立在中小学的模式，是既有俱乐部又有中小学校参与、共同进行普及与教学技能提高的青少年足球特长生模式。这三种模式现在为国家培养了很多的足球人才。三是社会力量兴办的青少年足球培训模式。混合型出资兴办的青少年足球培训体系，利用学生业余时间或假期进行足球训练。这种足球培训地点一般依托中小学校。学员完全自费，并通过一定的测试、考核进入学校进行训练、学习。四是体育局系统各级青少年足球培训模式。为完成全运会、省运会等政府出资组织的大型运动会中足球运动项目比赛的目标或任务，省、市在某种程度上还用传统"举国体制"式集训方式进行培养。这种集训由省、市体育局出资举办并负责管理，由当地足球运动管理中心具体组织实施，共同来完成整个比赛前的培训、承办，以及赛后的安排。

4.校园足球运动兴起

中国足球举步维艰，改革现行体制的呼声再次响起。习近平总书记在德国考察时，也指示要尽快把中国足球搞上去。2015年中国足协经过协商后快速调整了中小学校园足球运动的战略思路，将工作重点放在加强中小学校园足球运动普及与教学技能提高方面，组建省级青少年队伍，与教育部门联合开展中小学校园足球运动，恢复和重建校级四级联动，开展城市草根足球联赛等，调动各方面的积极性，其核心目标就是要把青少年后备人才培养的重心转移到学校，大力发展中小学校园足球运动。

2014年11月26日，国务院召开了关于中小学校园足球运动普及与提高电视电话会议。会议明确了今后以教育部为主导开展中小学校园足球运动工作，由体育总局做好支持配合工作，由财政部、人社部、发改委、国家广播电视总局、共青团共同支持中小学校园足球运动普及与教学技能提高工作，全国中小学校园足球运动工作已经进入新的局面。2015年4月，国家体育总局和教育部联合发布了《关于开展中小学校园足球运动的通知》，要求各级体育、教育行政管理部门以及相关从业机构站在全局战略高度通力合作，充分发挥各自的资源优势，共同为中小学校园足球运动的普及与教学技能提高提供保障。2016年全面启动中小学校园足球"升级版"，此前通过7年全国中小学校园足球运动的推广，校园足球运动已经覆盖中国大陆全境所有省、市、区，包括131个布局城市、3个试点县。其中国家级布局城市有49个，国家级试点县有3个，省级中小学校园足球运动，包括浙江省、江苏省、陕西省、河北省、四川省、甘肃省、江西省、广东省、河南省、湖南省、安徽省11个省，省级布局城市有82个。全国中小学校园足球运动试点学校工作进程中得到了国际足联高度认可，国际足联给中国足协颁发了"足球运动发展奖"。对于中国的青少年儿童来说，足球是新的教科书，中小学校园足球运动是青少年儿童新的希望。

二、国际青少年足球人才培养体制

（一）欧洲国家的青少年后备人才培养体制

1. 德国青少年后备人才培养体系

德国足协称，"天才计划"是世界范围内最大的一项足球人才专项培养计划，耗资达1000万欧元。该计划一般都会从暑假开始。在德国，地方每个孩子都有被选进"天才计划"的机会，而且这种机会不是终身一次，而是定期重复的。足球普及基地在促进青少年人才发展计划中所起到的作用是不可估量的。截至2015年，德国国内足球训练基地已有1000多个。青少年足球后备人才培养模式主要是由中小学校、足球训练基地、足球俱乐部三者共同建立的。德国对德国足球未来的发展及青少年校园足球运动普及问题进行了认真的理论研究和实践论证。德国足协、俱乐部、中小学校等青少年教学培训机构，本着既重视学生学习又重视学生多元化全面发展的指导思想来培养青少年学生，在全国范围内大力开展中小学校园足球运动，保证了后备人才的充足。

2. 荷兰青少年后备人才培养体系

荷兰足球有着良好的群众基础，参加足球运动的人数占全国总人口的30%以上。在荷兰的中小学校园，足球运动普及率已经非常高。从小学到大学再到职业球队，优秀球员经过层层选拔和推荐。荷兰中小学足球比赛非常频繁。虽然荷兰免费公共球场很多，但是，比赛前一般都要提前联系比赛场地。因为这个国家的中小学校园足球普及率已经达到95%以上。荷兰皇家足球协会教练员讲师罗伯克莱恩介绍了荷兰足球中小学生专项教学方法。他从以下五点进行阐述，即理论知识的讲解分析与战术能力的配合教学、爆发力素质教学、爆发耐力素质教学、能量恢复力素质教学、恢复能力素质教学，并对足球运动的特殊训练方法、练习的极限强度、体能训练与恢复时间、同一技能的重复次数、理论与实践的间歇时间、教学实践中的练习组数等详细教学与训练方式方法做了介绍。这些都成为我国中小学校园开展足球运动的参考依据。荷兰足球具有完善的梯队建设制度，俱乐部除了一线学员外还有预备队员。从U-7到U-21共有13个后备梯队，每个梯队明确规定人数为18人，每年进行不断的补充和调整。每年5月第一周是俱乐部的选秀周，另外，每个俱乐部及中小学都有自己的球探和足球教师，负责发现和引进其他国家不同年龄段的优秀学员，使自己国家队、学院派的后备人才不断地补充和强大。

3. 英国青少年后备人才培养体系

英国足球管理机构非常重视青少年足球运动的普及，并已有明确、详细的制度要求和培养青少年足球特长生的规范。1983年英国三大足球机构在英国政府资助下推出一项新的青少年校园足球培训计划，目的是统一各中小学标准不一的足球运动普及教学计划，促使各中小学校对青少年校园足球普及与教学技能提高引起重视。对中小学生要求严格是足球的传统，其宗旨是：不栽培不学无术的学生，要保证每一名球员退役后仍拥有一张学位证赖以为生。英国足球在比赛实战中有一项要求，即控制场面的节奏。能控制、统治、左右比赛节奏是年轻球员比赛能力强的主要标志。控制了比赛的节奏，从某种意义上来说，就等于把握住了比赛的主导权。青少年培训既要遵循不同学员年龄阶段、性别、生理、心理特点，教育规律，又要遵循足球成才的运动规律。因此必须注重培训的目的性和针对性，对中小学生应以满足其好奇心和兴趣爱好为主，加大各年龄段学生对足球运动的普及率。

（二）南美洲国家青少年足球人才培养体制

1. 阿根廷青少年后备人才培养体系

足球在阿根廷的社会文化中占据重要地位。阿根廷国家队在2004年和2008年获奥运会男足冠军以及在2014年获巴西世界杯男足亚军。在这个经济水平欠发达的国家，中小学校园足球运动的普及率却远远超过经济发达国家。这个国家大多数城镇都临海。中小学校校园足球的普及率很高，再加上沙滩比较普遍，沙滩足球也时尚，所以大部分学生在课余时间都在练习足球。足球是一门技能运动，熟能生巧，再加上这个国家经济不发达，多数参与足球运动的学生都是为了生活得更美好，所以，学生的自主能动性被大大提高。职业足球特长生是这个国家输出量最大的"产品"之一。阿根廷的优秀足球选手几乎无一例外都去了欧洲足球强国，因此阿根廷的年轻运动员往往很早就受到关注。14岁以前运动员的提高工作主要由俱乐部外的中小学承担，学生在中小学校都能接受系统的足球运动基础教学。

2. 巴西青少年后备人才培养体系

巴西中小学校基本没有专门设置足球课程，学生只有半天的读书时间，另外的时间基本都是报班学习足球，所以在巴西90%以上的人都会踢足球，60岁以上的老人也在踢足球，几岁的儿童也在踢足球，沙滩、街道、球场，甚至贫民窟等地方，都有人在踢足球。这个足球王国还在以它自己的方式前进，相信以后还会创造出更辉煌的成绩。

（三）亚洲国家的青少年足球人才培养体制

1. 韩国青少年后备人才培养体系

对于韩国来说，足球就是一项国民运动，普及与发展中小学校园足球运动是整个韩国社会的需求。韩国青少年足球特长生培养基本模式，可以称为"三元"模式。一元为中小学校园。在韩国政府相关政策指导下，学校足球运动的普及与发展达到了相当高的程度，普及率已经达到95%以上，至今在韩国青少年后备人才培养体系中占有主体地位。韩国已形成了完善的一条龙"学校足球"后备人才培养体系。二元为职业俱乐部。2006年，韩国职业足球联盟规定所属职业足球俱乐部必须建立后备梯队，各俱乐部陆续建立各个年龄段的职业俱乐部后备人才梯队。三元为业余青少年足球俱乐部。在韩国，由多元化融资群体开办业余足球学校，提高青少年足球特长生的技能。

2. 日本青少年后备人才培养体系

日本足球能取得骄人成绩得益于他们对中小学校园足球运动的普及与教学技能的提高。目前日本已经形成完整体系培养青少年足球特长生，它是日本足协在对日本实际国情、民族特点、青少年身体条件、足球基础要素等进行全面衡量后建立的符合日本实际的中小学青少年足球运动教学体系。该体系主要以足协的足球俱乐部训练中心制度为主，以中小学校园足球、职业足球俱乐部梯队和出国留学等形式作为重要补充。在日本，他们更加重视中小学校园足球的开展与普及，这也是日本足球迅速发展与崛起的重要原因。

（四）对比与总结

通过上述对比，可以得出如下结论：

我国青少年足球运动普及与教学技能提高的培养模式主要包括：有条件的中小学校，职业俱乐部，由俱乐部主办的少儿足球学校，省级、解放军、全运会代表队和市级城运会代表队训练体制（会选派有潜力的青少年远赴重洋进行培养），社会融资民办足球学校，中小学和足球学校，等等。

欧洲青少年足球培养体系总体来说主要还是以国家足球学校为主。当地教育部门与体育部门通过中小学校进行普及与提高足球运动技能，选派优秀足球特长生进俱乐部，再经逐层培训选拔回到原来的训练基地进行交流、学习。

南美洲青少年足球培养体系以中小学校园为主体，将优秀学员直接选送到欧洲足球强国俱乐部进行培养，在中小学阶段集中精力培养学生的技术能力。

亚洲青少年足球培养体系，主要是日、韩。他们根据实际国情专门制定切实符合中小学校园足球特长生的实际教学制度，在中小学校和俱乐部进行高密度足球运动教学。此外，还有部分优秀运动员被选派到国外进行深造。

第二章

中小学足球文化建设内涵与基本途径

　　体育可以促进教学质量的提高，教学质量提高对于传播人类文化具有决定性意义。持续开展的校园足球文化活动对推进学校的招生制度改革，制定升学政策、规章制度，改善物质环境及学生文明行为习惯、社会适应能力、道德规范，培养时代精神，都有积极的影响。学校在开展校园足球联赛和文化活动的过程中，应体现不断创新、敢于突破、全面育人的现代教育价值观，从根源上推动教育的全面和谐发展。足球运动蕴含的爱国、创新、合作、坚忍、竞争等时代精神，促进了青少年的全面发展，为建设体育强国、人力资源强国、提高国家文化软实力、实现中华民族伟大复兴的中国梦增添了强劲的动力。

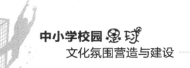
第一节　中小学足球文化建设的内涵

一、校园足球文化概念界定

1. 校园文化

学校文化是一所学校在各种文化背景的综合影响下，由学校全体成员共同打造和遵循的价值观念、制度体系和行为规范，以及校园环境中凸显的景物风貌和师生精神风貌。学校文化既可以从形态的角度分为精神文化、制度文化、行为文化、物质文化，也可以从载体角度分为学生文化（包括班级文化和社团文化）、教师文化、管理者文化、环境文化。校园文化是以校园为阵地，以学生为主体，由学生参与的教育、娱乐、文艺、科学等精神活动而产生的精神产品。校园文化是一种区域性文化，是用环境、学生创造周围情境，用丰富多彩的集体生活中一切可以利用的东西进行教育的过程。校园文化，是指以教职员工、学生为主体，以课外文化活动为主要内容，以校园为主要空间，以校园精神为主要特征，在教育教学、学习生活中形成的文化形态。校园文化是以学生为主体，以课外文化活动为主要内容，以校园为主要空间，以校园精神为主要特征的一种群体文化。本书认为校园文化是在国家教育系统内部、在各级各类学校发展过程中形成的，以学校为物质依托，由学校领导、管理者、教师、学生等共同形成的一切思想、制度、行为规范和器物的总和。按照这一定义，校园足球文化是校园文化的有效组成部分。

2. 体育文化

体育文化是关于人类体育运动的物质、制度、精神文化的总和。体育文化指的是关于人类体育运动的物质、制度、精神文化的总和，它的产生是一个长期孕育演变的过程，其发展更是一个长期积累、选择、变异、冲突、交融、定型的过程。体育文化是整个人类文化的组成部分，也是社会文化的亚文化，它是通过各种体育现象与关系的研究，揭示体育意识的形成、变化及对体育发展的作用的学科。体育文化指的是人类体育运动的物质、制度、精神的总和，包括体育认识、体育情感、体育价值、体育理想、体育道德、体育制度、体育的物质条件等。综合前人对体育文化的界定，本书将体育文化界定为：人类在以身体为主要载体进行的活动过程中，通过与社会中教育、经济、政治、艺术、道德等各类文化互相结合而形成的独特的体育思想和体育物质。按照这一定义，校园足球文化也是体育文化的一个种类和分支。

3. 校园体育文化

校园体育文化是校园文化的重要组成部分，其构成要素是体育物质文化和体育精神文化，是指学校通过体育文化氛围、体育文化环境、体育文化活动，以及大多数人共同遵守的法规、行为和学校制度等文化因素，对学生实施体育教育，促进学生身心的全面发展。校园体育文化是学校在特定历史条件下，为实现教育目标，在长期的校园文化建设中，把各种有益于师生成长的文化，通过不同的方法和手段渗透体育活动中，从而达到积淀、整合、提炼的目的。本书认为校园体育文化的含义是各级各类学校开展与体育有关的活动而产生和形成的文字、图像、器物、思想的总和。按照这一定义，校园足球文化属于校园体育文化的具体形态。

4. 校园足球文化

根据《中共中央国务院关于加强青少年体育增强青少年体质的意见》（中发〔2007〕7号）的精神，为贯彻《关于开展全国亿万学生阳光体育运动的决定》，全面提高广大学生的体质和体能，培养拼搏意识和团队精神，在全国大中小学校广泛开展校园足球活动，普及足球知识和技能，形成以学校为依托、体教结合的青少年足球人才培养体系。

综上所述，校园足球文化是校园文化和体育文化综合的产物，也是校园体育文化的一种具体形态。校园足球文化诞生于校园，并以校园足球运动本身为依托和载体。

二、足球文化的种类

中小学足球文化有不同的分类方式。从参与者的年龄构成上看，主要以青少年为主，中青年教师也占有一定的比例，年龄跨度大，群众基础深厚；从参与者的群体构成上看，主要由学生、教师和相关人员构成；从组织形式上看，中小学足球文化包含协调管理、组织宣传、训练比赛、保障评价等因素。此外，中小学足球文化还可以从作用对象、目标培养和实施主体等不同角度划分。校园足球文化构成因子数量多、范围广，使得校园足球的真正内涵难以把握，加之前人对于中小学足球文化构成因子研究较少，使得人们对中小学足球文化的理解不够深入和准确，这也势必影响中小学足球文化的健康与可持续发展。中小学足球文化的构成包含物质文化、规范文化、精神文化、行为文化四个方面。

1. 物质文化

中小学足球物质文化包含足球活动的场地、器材、装备、设施、师资、资金等。其中场地设施、器材装备是中小学可持续开展足球运动的基础条件，是中小学开展足球教学、比赛、娱乐活动的必要保障。师资力量是中小学足球物质文化的重要组成部分。中小学足球师资力量的强弱，直接影响中小学足球运动开展的水平。为此《中国青少年足球"十二五"发展草案（征求意见稿）》中明确指出："各级各类教育部门应当完善教师队伍结构，争取三到五年的时间实现每所学校至少拥有一名专业足球教师。"可见，切实提高中小学足球师资力量已经成为当务之急。

2. 规范文化

规范文化是为了促进中小学足球文化合理发展而制定和建立的规则与模式，主要由规则体系和执行模式两个方面组成，包括与中小学足球相关的法律、法规、规章、制度和运行模式等，属于中小学足球的保障因素。中小学足球相关规则体系的制定主要依据国家体育总局和教育部高等教育司下发的指导文件，以及党和国家领导对中小学足球做出的重要指示。中小学校根据这些重要指示和指导文件结合中小学校自身足球运动发展特点，有针对性制定规章、制度、法律、法规、要求等。执行模式主要包括活动组织模式与活动管理模式两个方面。探索出一条体教结合，有利于中小学足球运动可持续发展的管理模式是当前中小学足球管理模式的重点研究问题。中小学足球文化是发展变化的集合，主要有比赛、训练、游戏、培训、商业表演等活动，随着足球文化的不断发展，将有更多不同类型的活动成为中小学足球文化的有机组成部分。鉴于此，合理规划中小学足球各项活动，有针对性地制定相关法律、规定、制度，构建适合中小学的足球运动执行模式，是中小学足球规范文化建设所面临的重要问题。

3. 精神文化

精神文化是中小学足球良性发展的内在动力，包括中小学足球的开展理念、指导思想、发展目标等，属于中小学足球的驱动力因素。精神文化主要通过学生和教师足球比赛、足球活动的"舞台"、中小学校提供的足球"窗口"平台、所在城市的"名片"影响力、中小学足球活动品牌价值五个方面体现出来。

4. 行为文化

从人本主义的角度分析，中小学生是中小学足球文化主要缔造者，也是足球文化形成的核心力量。而行为文化是指参加中小学足球活动学生的行为表现，包括学生对足球运动的价值观念、行为方式等，属于中小学足球的基本因子，也被认为是构建中小学足球文化的核心因素。中小学足球行为文化由价值观念、行为方式、行为环境三部分组成。其中，"价值观念"包括中小学生对足球的意识形体、理性认识和参与足球活动时所表现出来的精神面貌等；"行为方式"主要是指在价值观念的影响下，中小学生在足球比赛、活动中所表现出来的礼仪和作风；"行为环境"主要是指中小学及其所在城市或地区的足球氛围，即足球发展的历史、基础、自然、社会环境等条件。中小学生的价值观念是中小学足球行为文化建设的重点内容，包括足球目标、足球理念、精神面貌三部分，是决定中小学生足球行为的意识形态。"足球目标"是个体参与中小学足球活动的基本动机。因个体差异、世界观和价值观的不同，中小学生的足球目标也存在很大差异，有健身娱乐、兴趣爱好、扩大交际、自我发展、职业需求等。这些目标从时间上可分为长期目标和短期目标，从稳定程度上可分为坚定目标和暂时性目标。长期稳定的足球目标有助于中小学足球运动的可持续发展。"足球理念"是指中小学生对中小学足球规律和特征的理解、解读、重构，进而形成全新的认识。如对中小学足球的发展趋势的认识，对中小学足球技战术、身心训练方法的认识，对在中小学足球运动中自我定位的认识，等等。"精神面貌"是指中小学生在进行足球活动时所表现出来的状态和品质。从影响行为方式的效果上看，精神面貌具有短暂、不稳定的特点，而足球目标和足球理念对中小学生足球行为方式具有长期稳定的影响。行为方式是中小学生参加中小学足球活动时的实践表现。行为方式分为群体行为方式和个体行为方式。群体行为方式是指受足球活动制度、规则、礼仪、法律、规章等约束的共性行动表现；而个体行为方式是指受价值观念不同的影响，在足球活动中个体所表现出的行为活动差异。中小学校在要求学生遵守必要的规章制度的同时，应当充分保护和发展中小学生个体差异。行为环境对中小学生足球价值取向、行为方式具有深远影响。"如入芝兰之室，久而不闻其香；如入鲍鱼之肆，久而不闻其臭。"中小学及其所在城市的足球发展历史悠久与否、群众基础氛围浓郁程度，都将影响中小学足球文化的建设。

第二节　中小学足球文化建设的基本途径

　　大力发展校园足球文化，使之成为校园文化的重要组成部分，是中小学的必然选择。

　　（1）足球文化具有极大的健身功能和教育价值，是构建中小学文化的重要力量，是中小学文化内涵的有机组成。

　　（2）足球文化与民族文化融合，是民族文化的重要展现手段。足球是世界第一大体育运动，国家之间的足球比赛已经被看成一个国家展现足球实力和民族体育能力的途径，足球已经超越足球本身的文化范畴，上升为民族力量的象征，尤其是在当今的中国，更需要振兴足球，使之冲出亚洲走向世界。在中国，足球具有广泛的群众基础，而参与的群体中，中小学学生占有很高的比例。因此，中小学足球文化的构建，有助于我国培养有文化、有理想、有技术、有信念的新一代足球人才，为把我国建设成为真正的足球强国提供精神与智力保障。

　　（3）中小学足球文化的深化发展不仅能够丰富中小学学生的课余文化和生活，而且有利于当代中小学生身心素质的全面提高。通过开展中小学足球运动还可以拓展中小学自身的知名度，吸引更多的社会团体和个人关注中小学教育，推动中小学校园文化的全面建设和发展。

　　中小学足球文化建设的核心是文化，这也是中小学足球文化建设的根本属性。中小学足球运动要以人为本开展。中小学足球文化是足球物质文化、足球规范文化、足球精神文化以及足球行为文化的总和。其中处于基础层面的是足球物质文化。足球规范文化是中小学足球文化建设的保障条件。足球精神文化为中小学足球文化建设起到指引方向的作用，这其中足球行为文化是中小学足球文化建设的核心。而足球行为文化的核心则是学生的价值取向。因此，中小学足球文化未来建设路径主要体现以人（学生）为本，围绕物质文化、精神文化、规范文化开展，重点是加强学生价值取向建设。

一、加强足球物质文化的基础建设

加强中小学足球物质文化建设应当从两个方面入手。

1. 中小学足球场地设施

目前中小学足球场地数量上基本可以满足日常教学、训练及学生群体活动的需要。但是调查中也发现，许多学校在足球场地日常维护方面存在很大欠缺，长此以往，必将直接影响中小学足球文化的发展。各中小学校应当加大资金投入，用于建设和维护学校足球设施。另外，学校相关足球场地设施管理部门也应当开展多渠道的资金募集工作，并将资金用于足球场地设施的管理维护中，提高场地的使用效率和使用年限。

2. 中小学足球师资力量

中小学足球文化建设离不开人，而中小学足球师资力量，也是中小学足球文化建设的重要组成部分。要正视中小学足球教师素养问题。调查发现中小学在足球教师的职业培训方面时间不能保障，笔者认为这主要是制度上的弊病。所以中小学在足球文化建设过程中，应当着力建立健全中小学足球师资力量的培养及培训体制，建立素养高、业务水平过硬的足球教师队伍，以保障中小学足球文化建设的顺利发展。

二、规范文化体系的保障建设

健全的规范文化是中小学足球文化建设的首要保障。足球规范文化是运行模式和行为规范的综合体。一类是足球活动中所确立起来的行为方式，也就是足球活动的运行模式以及足球活动的组织模式；另一类是足球活动中确立起来的行为标准。我们之所以要构建中小学足球文化，主要是发挥足球文化的教育功能，不仅要通过文化建设来教授学生科学的锻炼方法，更重要的是通过文化的教育功能在足球活动中实现潜移默化的"育人"作用。中小学足球规范文化的缺失不容忽视，它在很大程度上削弱了足球的"育人"功能。建设中小学足球文化，关键在于规范足球文化建设。通过完备、规范的文化实现足球文化与教育相结合的新的发展特征，是符合社会和体育健康发展以及教育的发展方向的。因此，足球规范文化建设是必要的，也是顺应社会发展的。

构建中小学足球规范文化教育体系对学生的全面发展、足球事业的快速发展以及中小学足球文化的持续发展都具有重要意义。其中足球技能教育、道德与法制教育以及人文精神教育是中小学足球文化建设的重要内容。对中小学生足球文化素养进行定性和定量相结合的评价，既可以对中小学生的足球文化素养进行定位，也可以促进中小学生足球文化素养的提高。另外，由规范约束到行为自觉的发展是足球规范文化的继承性发展，是蜕变式的发展。这种规范文化的跨越是中小学足球文化向文明方向发展的标准。因此，足球文化建设，要根据发展需要逐步完善足球规范文化。

三、健全精神文化的指引建设

精神文化在中小学足球文化建设中起指引作用，其承载着学生对中小学足球活动的期望，也是中小学和其所在城市对中小学足球发展目标的终极追求。同时，精神文化还是中小学足球形成良性可持续发展的内在动力，其孕育的文化内涵是中小学足球品牌价值的本质体现。足球作为一项悠久的运动，在城市、校园中得到广泛的开展，其参与的个体、群体的意识观念，以及足球活动开展的社会环境，都将对中小学足球文化产生深远的影响。一个文明、民主、开放、进步的城市，必须形成积极健康向上的足球精神，也必须孕育出自己独特的足球文化，才能承担更重要的责任。所以，中小学在足球文化建设过程中要通过形式多样的足球文化沙龙、足球知识讲座等形式，加强足球精神文化的指引作用。

四、强化行为文化的核心建设

人文精神是一种普遍的人类自我关怀，表现为对人的尊严、价值、命运的维护、追求和关切，对人类遗留下来的各种精神文化的高度珍视，对一种全面发展的理想人格的肯定和塑造。它关注的是人的价值取向和精神表现。"以人为本"是人文精神的核心，人文精神是一种普遍的自我关怀理念，提倡关切、人的尊严、价值、人格，重视精神文化的继承。"以人为本"是以人的全面发展为宗旨的发展方式。人文精神尊重人的思想、态度和价值，强调人的重要位置。足球文化建设过程中要强化足球行为文化建设，首先要在确立"以学生为本"的基础上，强化中小学足球文化中的人文教育，要全面建立"足球项目的育人健身"性。"育人健身"的中小学足球文化发展，是文化、教育和健身共同发展的有效归一和发展必然。中小学生是中小学足球文化活动的主体、出发点和归宿，必须把文化、教育、社会和人的发展贯穿中小学足球文化建设的全过程。人文教育与项目教育相结合的中小学足球文化建设模式是我国未来中小学足球文化建设的必然选择。

第三节　校园足球文化的意义和可持续发展

一、我国中小学足球文化的现状

校园足球文化主要是由足球知识、足球课程、足球竞技以及足球氛围等因素组成的。但是由于我国教育体制以及教育观念的限制和阻碍，校园足球课程得不到重视，教学内容比较单一，考核制度及内容不规范，足球竞技也得不到有质量、有规律的开展，从而导致学生在足球学习的过程中无法将自己的主体与潜能充分发挥出来，无法真正感受足球的乐趣，体会足球运动的魅力。

问题一：没有有效地使用足球运动基础设施

从目前足球运动发展的情况来看，校园足球运动在很大程度上受校园足球文化的影响与制约，特别是最近几年，我国足球运动在世界比赛中的连连失利对校园足球运动的发展产生严重的影响。在城市中，各类学校都拥有足球场地，但是真正利用足球场地开展足球竞赛的学校却很少。学校的足球课程的教学质量问题，严重地阻碍了足球文化的发展。

问题二：校园没有良好的足球文化发展环境

学校在安排教学课程时，基础课程包括足球课程，但是与其他专业学科的文化课程相比，足球课程明显处于弱势。这样就会导致足球运动活动开展的平台有限。另外，学生的大部分课余时间都被专业文化课占用，这样就致使学生对足球的认识和了解没有更深的层次，进而对足球运动的参与兴趣更少。

二、发展中小学校园足球文化的意义

（1）使学生对足球知识更加了解，激发更多地参与热情。在学校中构建足球文化，有利于提高学生的身体素质和综合能力。在校园各项运动中，足球运动是学生较为热爱的运动之一，加强对校园足球运动的开展力度，不仅可以激发学生对足球运动的参与热情，还可以有效锻炼学生的身体素质，使学生在绿茵场上自由奔跑中释放自己的情绪，感受足球给身心带来的极大乐趣。学校可以通过增加足球比赛的次数，来实现校园足球文化的构建，同时还可以足球为核心内容开展各种演讲比赛或者文艺活动等，有效地丰富校园足球文化传播形式及文化活动，使更多的学生对足球知识和足球运动有更深层次的了解和认识。

（2）将校园足球文化的氛围更好地营造出来。学生不仅是学校的主体也是校园文化的主体，有效构建校园足球文化可以激发学生参与足球运动的热情。足球运动一方面可以将学生的体质素质进行有效地提高；另一方面还可以将校园足球文化氛围更好地营造出来，体现对国家提倡的阳光体育号召的积极响应，更好地促进学校足球运动的发展。

（3）大量培养足球人才，促进足球运动的可持续发展。目前，我国主要是从体校足球专业或足球专业队中进行足球储备人员的选拔，但是这种选拔模式存在一定的局限性。在校园中构建足球文化，可以加强更多学生对足球运动和足球知识的了解和认识，从而促进更多的学生积极主动地参加足球运动，使校园足球运动得到更多的发展。同时可以有效地解除半封闭式或全封闭式足球训练给学生所带来的压力，让更多的学生在课余时间参加足球运动，全身心地体会足球的乐趣，使学生在学习中产生的精神压力得到有效缓解；可以扩大国家对足球运动储备人员的选拔范围，使我国竞技类足球运动形成良性循环，有效促进我国足球运动长期稳定的发展。

（4）以球辅德，促进学生责任担当。以山东淄博的博山六中为例。该校是首批全国青少年校园足球特色学校，其秉承"小足球、大教育"的理念，自2015年，将校园足球课程建设纳入学校发展的整体规划，以课堂教学为基点，以系列活动为载体，通过点、线、面结合的课程整合途径，建设提升学生核心素养的足球文化，做到人人参与、全校普及。博山六中的文化特色是"诚、承、成教育"。"诚、承、成"音同而意不同，谐音成趣，含义丰富，倡导师生做人诚信、勇于承当、立志成才。结合校园文化建设，举办每年一度的"诚、承、成"校园足球节，有足球知识竞赛、技能挑战赛、啦啦操比赛、足球征文、手抄报、摄影六大主题校园足球活动。三年来，共计收到征文、绘画、手抄报、摄影等作品上万件。在设计和开展校园足球活动的过程中，学校注重仪式感的渲染和营造，例如举行开幕仪式、入场仪式、开球仪式、抽签仪式、颁奖仪式等。学校为参赛班级定制象征荣誉的足球奖杯和奖牌，为优秀球员颁发金球奖、金靴奖，为获奖球队印制水晶相册，等等。这样的仪式，有着深入人心的教育意义和教育力量；这样的教育活动，能有效提升学生素养，促进学生心灵的成长和生命的绽放，增强学生在比赛中的担当意识。

（5）以球健体，引导学生健康生活。博山六中定期举行"校长杯"足球联赛，仿照NBA赛制，设立季前赛、季后赛、总决赛、明星赛。全校每个班都有30人组成的班级男、女球队，赛制可以为三人制、五人制、七人制等，比赛分四节，每节上场人数不得重复。引入"升降组"机制，经过四个阶段——积分赛、排位赛、名次赛、总决赛，决出比赛的总冠军。通过这种变化，学生参赛的场次增加了，参赛班级和人数也越来越多。2017年学校举行的"校长杯"足球联赛，共有四个级部两千余名学生参与，成为学校有史以来举办规模最大、参赛人数最多的校园活动。足球联赛的开展，将以往培养少数足球特长生为目的的足球活动，转变为以丰富全体学生校园生活、锻炼学生体魄、培养学生特长的群众性足球活动，引导学生学会健康生活。

（6）以球促智，帮助学生学会学习。博山六中校把学生核心素养的提升作为学校教育工作的主体工程来抓，不断完善教育体系，锻造"团结、拼搏、快乐、自信"的体育精神和"健康、合作、活力"的体育文化，培养学生品格的形成，帮助学生学会学习。2016年7月，学校足球队19名队员赴韩国学习交流，先在韩国釜山FC俱乐部上课并受训，随后参观了韩国釜山偶像足球俱乐部，并与韩国横川青少年足球俱乐部、安德烈少儿足球俱乐部等球队进行了一系列交流比赛活动。韩国中学生在足球场上默契的配合，拼搏的精神，给队员留下了深刻的印象。大家表示对足球运动有了更加深刻地认识，进一步掌握了足球运动的基本技能，培养了拼搏向上的意志品质，领悟了足球运动的独特魅力。

自开展足球特色教育以来，经过三年的研究与实践，该校开创了博山区校园足球教育的多个第一——第一所足球进课堂学校，第一所自编足球校本教材学校，第一所自编足球啦啦操学校，从而得到广泛认可。学校连续两年承办全市校园足球工作报告会，"基于核心素养的校园足球课程建设与功能开发的研究"获2017年度淄博市教育创新成果奖，"初级中学校园足球实施效果评价体系构建研究"在《运动》杂志发表，联合上海校园足球联盟创编《足球游戏101》教材，在省"全国校园足球特色学校"校长培训班上做题为"梦想从这里启航"的典型发言，专题片《校园足球快乐你我》获第十三届中国中小学校园影视评比一等奖，王柔燕、郑嘉瑜、王世龙三位同学先后入选国家少年足球队。

当教育指向核心素养，"知识核心时代"将真正走向"核心素养时代"，学校的任务不再是一味灌输知识，而是给学生未来的发展提供核心能力。该校正是牢牢把握这一教育真谛，真抓实干致力建设校园足球文化，从而促使学生的核心素养不断得以提升，让学生的学习和生活变得更加丰富多彩。

三、我国中小学校园足球文化的可持续发展

1. 在校园中树立足球文化理念

在足球文化发展的过程中，要将相关规章制度进行完善并落实，给校园足球运动的开展提高有效的保障。首先，学校对构建足球文化的力度要不断加大，让学生的成长和发展与足球运动结合起来，在校园文化构建的过程中让足球文化成为一个重要的组成部分。学校可以结合学生的实际情况不断完善各项规定，使每一位学生都能对足球有更好的了解，并对足球运动产生喜爱之情。其次，学校要加大对足球场地的建设力度，给学生提供更好的场地进行足球运动；对更多学生在足球运动中的身体安全进行有效的保障，丰富校园文化活动。同时在这浓厚的足球文化氛围当中，可以促使更多的学生热爱足球，参与足球运动。此外，学校要加大与其他学校联合组织并开展各种足球比赛活动的力度。在足球比赛的过程中，一方面能对本校学生的足球技能水平进行有效的检验。另一方面还能对其他学校优秀的足球运动技能进行有效的学习，促进本校学生足球运动技能的发展。在足球比赛的过程中，可以有效地培养学生团结协作的意志品质，发挥校园足球文化的最大价值，使校园足球运动得到更有效、更长久、更稳定的发展。

2. 积极组织校园足球文化活动的开展

通过一系列活动的开展，学生的足球综合技能水平得到有效提高。学校要对国家提出的阳光体育运动号召积极响应，并将本校的特点和学生的实际情

况与足球文化活动结合起来。对校园足球运动的思想要坚持正确的传输，并加强对学生足球知识的指导，促进每一位学生对足球知识及足球运动有更多的认识，从而对足球产生浓厚的兴趣并积极投身足球运动中。将校园足球文化的氛围营造得更加浓厚，对学生足球技能水平的提高有积极的影响。例如，学校可以定期举行足球文化活动，活动的形式可以是足球竞技类的比赛，也可以是文艺类的活动。在足球文艺类活动开展的过程中，可以举办足球知识的科普活动，也可以举办足球知识抢答活动。在宣传足球知识的过程中也可以借助多种信息技术手段，如校园广播、多媒体等。

3. 加大对足球知识的讲解力度

在体育教学的过程中，教师可以加大对足球知识的讲解力度，促进学生深层次、全面了解足球知识，并对足球运动产生浓厚的参与兴趣。除此之外，还可以将专业的足球教练请到学校，指导学生足球运动技巧，有效地提高学生的足球运动技巧并使其足球技能水平更加专业化。教练也可以更多地挖掘对足球有强烈兴趣和有潜力的学生，然后着重培养这些学生。

4. 营造良好的校园足球文化氛围

加强对足球外显文化的重视，营造良好的校园足球文化氛围。外显文化在学校文化建设当中的作用是十分重要的，它影响着学生思想文化的形成。因此，构建校园足球文化的时候，要注重对足球外显文化的设计，使学生对足球运动及足球知识有更多的了解，对足球运动产生更多的兴趣及参与热情，积极主动地参与其中。例如，体育教师可以组织学生以班级为单位开展和参加足球比赛，在比赛前各班都要想一个口号，从而增强足球活动的开展氛围。其次，在构建校园足球文化的时候，可以将国内外足球名将的海报张贴在公示栏，如梅西、C.罗纳尔多等，然后在旁边贴上相关的足球知识，从而使校园中的每一个角落都充满足球文化的气息，有效促进校园足球运动及社会化足球运动的可持续发展。

校园足球文化对我国足球事业的发展具有积极的影响，学校要根据自身的特点以及实际情况，树立正确的足球观念，这样才能保障足球运动的顺利开展，促使足球文化在校园中充分发展，最终实现学生足球技能的提高。在校园足球文化构建的过程中，要加强外显文化的设计力度，有效营造学校的足球氛围，使我国社会化足球运动及校园足球运动得到可持续发展。

有位名校中学校长曾说过："足球比赛中自由发挥的创造精神、挑战生理极限的挑战精神、服从团队和裁判的规则意识，友谊第一，比赛第二的团结友善精神等，都是现代人最重要的文化素质。校园文化建设理应将课堂教学和其他方面融合起来，构建全方位育人和文化启蒙，而足球就是这其中的一部分。"这点明了校园足球在校园文化中的作用、属性等，给我们不少启迪。

确实，足球及足球文化有利于培养学生顽强拼搏、勇攀高峰的精神品质；有利于弘扬团结合作、公平竞争的社会风尚；有利于树立民族自尊心、自信心和自豪感，进而增强爱国意识、集体主义意识；有利于促进学生身心健康；等等。它对增强学生凝聚力、提高学生道德品质、展示学校形象、提升学校水平等也具有重要而积极的意义。

班级足球联赛是学校体育文化发展的载体之一，它不仅能起到增进健康、增强体质的作用，更重要的是足球比赛中所崇尚的公平竞争、团结协作、尊重他人的道德风尚，奋发有为、自强不息、自信不减的意志品质，促进相互交流、相互协作、相互尊重等的团队精神，是广大学生应养成的人文精神，切合校园文化建设的要求。

第四节　教育、体育、文化的关系

一、教育与文化的关联

教育是文化的一部分，同时又是文化建设的主要途径。教育是文化得以传承的重要手段，文化的延续需要教育作为支点，国家发展的动力是以高素质人才为重要依托，教育是塑造高素质人才的必要手段，民族的生命力需要一代一代延续下去，只有依靠高质量的教育，才能塑造人类文明和促进科技进步。学校是社会的一个分支系统，掌管的是教育事业，通过教育，各类文化得以传承和发扬光大。可以说教育是文化的使者，世世代代的学生通过学校教育，将各类知识和文化牢牢掌握，进而利用所学的文化去创造新的文化，利用文化创造出绚丽多彩的生活。科学技术的进步离不开教育，科学技术带动人类的思想和物质生活的巨变。在高科技的引领下，人类生活变得方便快捷，电子产品的高频率更新带动年轻人生活节奏和生活方式的改变，衍生出以青年为主的潮流文化。教育是支撑科技文明的保障，是科技文化腾飞的动力。

教育促进人们思想价值观的改变，人的思想价值观在改变的同时，也在创造着新的文化体系，文化体系的形成需要不同人群的交流沟通，学校的教育为不同人群的交流沟通提供了机会，学校的发展过程也丰富着文化的内涵，在培养学生科学素养和智慧的过程中发挥着不可取代的作用。教育对于历史文化的持续发展起着奠基作用。人类历史文化是一部壮丽的史诗，深厚、独特、魅力无穷。良好的教育是文化延续的基础。我国教育系统从小学开始传授语文、数学、政治、社会、品德、劳动、科技、历史、体育、音乐、美术等知识，通过这些知识，学生的智力和身心得到发展。当学生的知识足够丰富以后，就会成为具有不同价值观的人，将人类灿烂的文化带入社会，起到传播文化的作用，促进文化的交融、发展和创新。

二、体育与文化的关联

现代奥林匹克运动会在世界范围内已经连续举办31届，现代文明格局从某种程度来说是希腊文明的传承。奥林匹克运动会的参赛国家遍及世界各大洲，世界经济和文化强国均涵盖其中，如美国、德国、法国、英国、荷兰等欧美国家，以及亚洲的日本、韩国、新加坡和崛起的中国。世界上所有的经济强国无一例外均派出各自国家的最强运动员出征奥运会，这进一步说明奥林匹克运动会在整个世界的至高地位。在奥运会上，运动员身边往往会有一个高科技团队在为其服务。为了取得优异成绩，各参赛国花费巨额资金，利用高新科学技术手段对运动员的服饰和器械进行设计和研发，运用高科技材质器械帮助运动员训练和比赛。从某种程度而言，运动员的实力也是一个国家科技实力和经济实力的体现。体育与科技的融合，对体育成绩的提高发挥着重要作用。发达国家经济实力雄厚，因而在奥林匹克运动会中总能取得优异成绩。运动员登上奖台时，代表的是一个国家的荣誉，展示了国家的经济实力和科技水平。奥林匹克盛会塑造了希腊人的战斗精神，诺贝尔科学奖代表着人类科技和文明的至高荣誉。希腊的体育和哲学让人类充满力量和智慧。科技是人类智慧的结晶，体育对科技的贡献在于塑造了科技人才顽强不屈的科学精神，引领科技人才向更高的目标前进。体育和科技支撑着人类进步，科技的进步促进社会经济和文化的发展壮大，引领世界发展的潮流。体育在科技的推动下，不断刷新人类的极限，使得体育这一人类文明薪火相传，生机盎然，促使一个国家文化软实力大幅提升。

三、体育与教育的关联

体育作为古代希腊文明的象征，对希腊的发展乃至整个人类发展都产生了重要影响，学校中的体育课程对学生的发展发挥着特殊作用。体育，虽早已是中国基础教育中的三育之一，但它却是外在的强制性内容，学校教育一结束，学生们就将体育归还给了老师和学校，甚至在学校生活还未结束时，体育已经被"学而优则仕"和"智育第一"的风气所压倒。体育与教育似乎存在矛盾，但是学校无体育则是不允许的，体育与教育伴随着学生的发展和成长，因此，学校必须保留体育。

当人们经济条件改善后，往往有强烈的休闲体育需求，主要目的在于调节身心、愉悦生活，提高工作效率和生活质量，同时带动社会的文明进步。在我国教育系统中，德、智、体、美全面发展的教育价值观已有较长历史，体育始终是教育系统内一个重要的科目。因此，体育属于教育。就体育本身而言，在体育萌芽时期，它与人类的生活息息相关，如狩猎、军事训练、格斗等实用技术。在原始社会，体育似乎与教育的关系比较远。但是细细分析，与生活相关的实用体育技术经过人类的改造和传播，又得到延续，而传播这些与生活相关的实用体育技术过程就是教育的过程，因此体育即使在原始社会，它与教育的关系也是十分紧密的。当今，体育是促进学生身心和谐发展的调节剂，是学校实现全面育人的有效手段。在我国高考中，体育是必考项目。我国有的省份已将初中体育考试项目纳入学生学业综合水平评价体系。体育在教育中发挥的作用表现在：促进学生身心健康发展，提高学生学习效率，为学生提供放松娱乐的手段，促进师生关系融洽，促进学校和谐发展，促进学校与社会的沟通交流；展示学校办学风采，打造学校办学特色，为学校赢得声誉；等等。因此，体育是教育的一个重要组成部分，离开体育，教育将会畸形发展，不利于文化的传播，降低国民综合素质，导致青少年体质下降，阻碍教育的进步和持续发展。

我国教育的改革在体育领域将会有突破性的转变。从党中央的一系列关于增强青少年体质的文件和政策中可以清晰地看出，体育在教育中的地位是难以撼动的，体育已经上升到国家发展战略的高度，是教育改革的关键因素，关系国家稳定、繁荣和发展。我国要成为人力资源强国和实现中国梦，必须加大对青少年体育的科学规划和引导，避免因学生体质下降导致青少年意志薄弱、心理承受能力低、社会犯罪率上升及自杀率上升等不良社会现象的频繁出现。目前，中小学学校的考试数量多、家庭作业多，分数成为评价学生好坏的主要标准。学校将主要精力用于应付升学率，狠抓学生文化学习，从根本上限制了广大青少年体育活动的开展。大力发展校园足球符合学校育人的要求。青少年从事足球活动能提高学生交际能力、团队合作精神和身体素质，因此足球活动理应受到学校推崇。但是现实情况却令人担忧，学生的身体素质下降和近视率增高等问题急需各级部门解决。广大的教师必须转变教育理念，没有教师的切身行动，教育的不良现象不会发生实质变化。只有体育教师与其他学科教师积极配合，才能实现教育理念的更新。所有教师都要创新教学方法，促进素质教育，培养创新人才，提高教育质量，压缩课程时间，拓展学生业余时间与活动空间。

四、足球与文化的关联

足球是体育中一颗璀璨明珠，经久不衰，随着时代的进步而进步。科技的发展造就了一大批优质运动装备，为足球运动的发展提供有力的保障。足球运动的发展衍生出丰富多彩的足球文化及活动，如足球爱好者文化、足球赛事文化、足球媒体文化、足球运动员文化、足球影视文化、足球场地建筑文化等。说明足球文化的发展是与社会发展相交融的。大型足球赛事的影响力是巨大的，可以深入每个家庭、企业、公司、学校等各类机构和组织，实现了足球与不同文化背景下人群的沟通和交流。足球与文化融合，从文化中吸取营养，进而促进足球的发展，整个过程就是足球文化形成的过程。足球文化的分类与文化的分类一致，因此足球文化可分为足球器物文化、制度文化和精神文化三个层次。

我国的足球文化处于发展和不断进步中，突出的问题是：中国足球被急功近利思想送进了死胡同，忽视足球文化生态规律，破坏足球文化氛围，导致我国竞技足球发展滞后，青少年足球发展受阻，足球人口日益减少。世界杯之所以受世人垂青，主要是因为它体现和弘扬了民族精神，促进足球运动技战术的发展，促进足球文化的传播与继续推广，推动体育文化的发展，能够最大限度满足不同层次的社会文化需求。

总而言之，足球的发展与民族的发展密切相关，体现了现代人类的超越精神和文明程度。各民族人民因喜爱足球可以获得共同欢乐；足球运动的普及可以提升民族生命力、民族体质、民族生机，增强民族进取精神。足球是我国职业化发展道路上起步最早的运动项目，但目前的中国足球超级联赛水平依然不高，内部存在种种矛盾，大众眼里的中国足球早已失去应有地位。我国的足球环境依然没有实质性改变，上层领导的态度和思路在一定程度上引起外界的种种疑问，这些疑问有待深入调查。影响一个运动项目发展的因素很多，包括政治、经济、文化、历史等，我国足球运动国际战绩越来越差，始终不能满足广大人民群众的精神需求。追寻主要原因，可以从以下几方面进行分析：上层领导体制、训练与选拔体制、青少年培养体制、职业联赛运营体制以及教育体制。从业余水平到高水平，不同形式的足球活动是推动职业足球运动员水平提升的重要方式，职业足球、社区足球、学校足球是提高足球运动员水平的重要环节，它们是一个联系紧密的整体，不能忽视其中任何一环。我国足球界的负面形象长期存在，给青少年从事足球事业产生了负面影响。青少年大部分时间集中在学校，学校只重视文化知识的传授，忽视足球技能的传授，这导致从事竞技足球人口的数量急剧减少，因而上层领导应该从实际出发，抓住重点，解决目前普遍存在的青少年足球运动员人数少的问题。

学校只有按照足球运动员成材的系统规律，从小培养，系统训练，在不断提高文化素质的同时进行不间断训练，才能达到普及足球运动的目的。足球运动是从小培养，系统训练的工程，需要受训者在不断提高文化素质的同时进行不间断训练。一定数量决定一定质量，学校是普及足球运动由量变到质变的重要环节。各个学校要实现足球普及，必须夯实基础。

第五节　通过校园足球运动推动
校园足球文化建设

　　杭州市长阳小学创办于2009年9月，其前身是杭州市德胜小学教育集团都市水乡校区。为了响应区教育局振兴北部教育的宏伟目标，2014年7月，学校正式更名为杭州市长阳小学。2018年，学校有班级24个，学生816名。该校通过校园足球运动，大力推动校园足球文化建设。

　　学校自2013年开始便有重点地发展和扶持学校足球。在硬件方面，学校拥有七人制足球场一个、五人制笼式足球场一个、室内五人制足球场一个，能较好地满足足球课堂教学、足球业余训练、承办区市比赛等活动需要。在软件方面，杭州市长阳小学拥有专职体育教师4名，平均年龄31岁。近几年来，学校实施强有力的人才储备战略，体育师资专业水平快速提高。目前体育教师队伍中拥有学科带头人1名、区优秀教练员3名、亚足联室内五人制L1教练员2人。在几任校长的带领下，学校已有了一支能吃苦、肯干事、有创新和执行力强的体育教师队伍。体育课堂教学和课外业余训练质量稳步提升，尤其在校园足球领域，杭州市长阳小学校园足球文化建设一直位列区域前茅，整个校园散发着浓厚的足球氛围。2015年杭州市长阳小学的校本课程"快乐足球"被评为拱墅区首个精品课程。2016年"快乐足球"课程被评为杭州市精品课程，这为杭州市长阳小学更好地开展校园足球提供了强有力的理论支持。在足球竞赛成绩方面，长阳小学目前拥有男子甲、乙，女子甲、乙共四支校级足球队。2015年女子足球队获浙江省"希望杯"校园足球联赛总决赛第三名；2016年在杭州市

"市长杯"校园足球联赛中，杭州市长阳小学女子组荣获第二名，男子乙组荣获第三名、男子甲组荣获第八名，成为杭州市唯一一个参赛所有组别均晋级前八的学校。此外，2016年杭州市长阳小学还被评为浙江省校园足球特色学校。2017年初，由杭州市长阳小学沈建国老师任主教练，杭州市长阳小学周李鸣、华语儿等同学参加全国青少年足球精英赛，取得了团体二等奖的好成绩。

2009年国家体育总局和教育部联合启动青少年校园足球活动。2015年，我国又颁发了《中国足球改革发展总体方案》（以下简称《方案》），其中对改革推进校园足球的发展提出了新的要求。《方案》对校园足球的未来做出了令人憧憬的规划。自校园足球活动开展以来，全国都在积极推广校园足球活动，无论是社会还是学校，都掀起了一股足球热。从2009年开始，在全国各地布局足球定点学校，其中有布局城市48个、3个试点县或县级市和5个省级校园足球单位。截至2015年，我国在全国范围内布局足球定点学校5000多所。预计到2020年，我国布局定点足球学校将达2万所，足球定点学校的快速发展无不彰显国家对校园足球的重视。

长阳小学的校园足球正是在这样的足球大环境中成长发展起来的。2016年学校还结合校园足球特色提出了"绿茵教育"的办学理念，提出以"追梦、自信、顽强、灵动"为核心素养的目标，发展学生"学习与幻想、健康与运动、审美与艺术、生活与道德"四大能力，构建"绿茵课程"体系，形成"足球天地""乐动天地""生活天地"和"科幻天地"四大课程，以足球课程为龙头打造一条属于长阳的发展之路。

2016年5月，长阳小学取得了历年来在各级各类足球比赛中最好的成绩——拱墅区小学生足球联赛所有组别的冠军，杭州市"市长杯"女子组亚军，男子乙组季军和男子甲组第八名，成为杭州市唯一一所三支球队都进入前八的学校。除此之外，长阳小学女子组已经实现拱墅区五连冠，男子组已经实现三连冠。在浙江省的赛场上，2015年长阳小学的女子组也获得了第三名的好成绩。

杭州市长阳小学在杭州市精品课程"快乐足球"的引领下，每学期开展一次校园足球联赛，截至2016年已经成功举办了七届。每一届校园足球联赛的成功举办对于学校的足球文化都是一种积累。2013年长阳小学学生穿上分队背心带上对足球的热情开始了第一届校园班级足球联赛。2014年长阳小学

开始设计自己的LOGO、海报、小报等，丰富校园的足球联赛。2015年长阳小学开始开展学生执法比赛。2016年长阳小学把所有赛事编排等工作全部交给学生，真正把足球联赛还给学生们，让每一个学生发挥自己的特长为自己的联赛服务。

随着联赛的一届一届开展，长阳小学的足球文化在一点点地积淀。目前学校已拥有健全的联赛工作机制。成立了以校长为组长的校园足球工作领导小组，指导校园足球工作的开展，并做好相应的保障工作。学校将校园足球纳入学校发展规划和年度工作计划，并严格执行。学校场地设施、器械配备均达到国家标准，能满足体育工作的需求，且每年不断得到补充。目前学校建设有标准笼式五人制足球场、室内五人制足球场、七人制足球场各1块，足球基本训练、竞赛器材数量充足。学校还设立足球工作专项经费，并纳入学校年度经费预算，在为学生实施校方责任险的基础上，为学生购买运动意外伤害险。在此基础上学校按照国家要求，开足开齐体育课，保证学生每天一小时校园阳光体育活动。学校把足球作为体育课的必修内容，每周用1～2节体育课进行足球教学。学校还编有足球技能操，供学生在上下午大课间进行锻炼。

长阳小学开展校园足球已经整整三年了，三年时间既漫长又短暂。杭州市长阳小学的特色从足球竞技的传统项目到足球课程的建设，从足球课程折射的足球文化，从足球界的精英团队到全员性的普及，长阳小学的足球特色项目经历着从无到有，从有到优的过程。本校园足球文化案例以学校的真实发展过程为依据，设计思路为从学校的一位教师、一支球队到学校的足球教学普及、足球文化普及再到学校足球课程的完善建设，辐射带动学校其他课程的建设发展。

一、足球文化建设

1. 足球在长阳，不仅是一项运动，更是一项课程建设

2015年，"快乐足球"课程在全校教师的通力合作下被评为杭州市精品课程。2016年5月，基于"快乐足球"课程的不断生长创新，杭州市长阳小学以"我与足球的约会"为主题进行为期一周的主题式跨学科学习。——用一只足球打通所有学科，通过小组合作，在画一画、剪一剪、折一折、拼一拼中制作足球；用非洲鼓演奏为班级同学呐喊，为同学加油鼓劲；解剖足球，研究不同

材料、弹性的不同等；还有足球知识大比拼、绘制足球口号大声喊等等。最吸引学生的是制定足球赛制的课程，即用数学知识去探究其中原理。学生可以在操作中体验生活中的数学，在实践中感受数学的魅力。这是长阳小学在深化义务教育课程改革的大潮中，拓展化实施基础性课程的重要内容。学生在享受足球、深入探求足球内涵的同时，全面提升综合素养。

2016年12月，在"快乐足球"课程的引领和辐射下，基于"绿茵教育"的理念，长阳小学开发了富有学校特色的绿茵课程体系，逐步形成足球天地、乐动天地、生活天地、科幻天地等四大课程体系，为培养追梦、自信、顽强、灵动的长阳学子提供丰富多彩的选择性课程。

2. 足球在长阳，不仅是一项运动，更是一种个性的张扬

足球是个性化的团体运动，在足球比赛的赛场上，对抗双方总有一方控制着比赛的节奏。控制方自然是踢得顺风顺水；被控制方却坚决不认命，总想通过各种办法来争夺控制权，将比赛的节奏拉向自己。也许一个进球或者一个任意球，都是这种改变的拐点。因此，身为球员，如果没有百折不挠、知难而进的意志品质，是很难在这种激烈的身体与心理对抗中获胜的。球员们在赛场上养成的这种品格特点，在走出赛场以后也不容易丢掉。如果学生具备了这种个性化的品质特征，将在学习和生活中攻坚克难。足球运动对个性品格的塑造，不仅体现在参与足球训练比赛的球员身上，还为广大的观赛学生及为足球训练比赛服务的人带来积极的影响。他们通过为球队擂鼓助威，不仅体会到团体的力量，而且通过观看比赛的每一个细节，体会到很多为人处世的正能量。

3. 足球在长阳，不仅是一项运动，更是一项文化的塑造

在长阳小学，班级足球联赛是班集体活动的重要组成部分。小组互助训练、球员的选拔、啦啦队的组建都凝聚着班级团队文化，是班级文化的一个缩影，也是班级文化的具体体现。良好的班级足球文化，能有效促进班级文化建设。每学期一次的教师和学生友谊赛，学生和教师站在同一舞台上公平竞争，这不仅让学生更喜欢踢球，还让老师和学生的距离更近了一步。每年一度的家校足球友谊赛，由家委会组织的家长足球队都会走进校园，和校足球队的学生厮杀上半场，再和校教师足球队的教师们比赛下半场。比赛的结果并不重要，

重要的是正因为有这样浓厚的足球氛围，学生在老师和家长的陪伴下才能乐此不疲地享受足球，同时也进一步拉近了家校关系。

最后学校希望通过此案例对长阳小学过去三年的校园足球发展和足球文化建设进行总结、梳理和展望，同时也希望此案例能给其他发展校园足球文化的兄弟学校带来启发和帮助，起到"抛砖引玉"的作用。

二、足球文化滋养下的长阳校园

1. 不一样的校园环境

随处可见的足球元素、足球内涵、足球文化，灵巧可爱而又不失雅致的班牌、风雨连廊上五彩缤纷的足球长卷、足球海报文化墙、足球陈列馆、"我与足球"心愿墙、萌萌哒的足球形回收箱……每一个细节，无不彰显着长阳小学在足球文化育人上的踏实、本真和用心。

2. 不一样的课堂生态

追求以"合作、创新"为基点的绿茵课堂，落实"培养个性特长、培育阳光心态"的办学宗旨，形成平等互助、快乐成长的课堂生态，特别是在跨学科实践活动周中，师生互动、生生互动的学习模式随处可见。

3. 不一样的活动内涵

学校组织的每一次活动都是经过精心设计的，每一次的活动都被赋予深刻的内涵。足球节上，每个班的队旗、海报、LOGO、口号、原创班歌，甚至大力神杯，都由学生自己设计。从赛程编排到裁判安排，再到现场的比赛，都由学生自己操作。学生感受到足球礼仪、足球品质，体验了团队合作的意识，懂得拼搏、坚持和合作。活动中始终贯穿"我的校园我做主"的办学思想。

学校可以根据自己的校园特点，因地制宜进行设计活动。学校建设有标准笼式的五人制足球场、室内五人制足球场、七人制足球场各1块，每一个场地均为人工草坪或橡胶场地，非常适宜开展足球运动。足球基本训练教学用具，有足球、标志盘、标志杆等。足球文化的建设更需要学校领导高屋建瓴地进行理论指导，全体教师参与合作，体育教师精心设计活动，等等。

三、校园足球文化建设的积极影响

1. 学生体质全面提升

从2013年学校开始发展足球特色，普及足球文化开始，学生体质有了较大的改观，在2016年学生体质健康达标检测中全校的优秀率达到了76%，合格率达到99%。

2. 体育氛围日渐浓厚

学校每学期定期组织一次校园足球文化节。在为期一个月的足球文化节中，有班级足球比赛，足球嘉年华游戏，亲子足球比赛，师生足球比赛。通过这些活动学生多了一个兴趣爱好，也多了一个锻炼身体的手段和方法。很多原先没有锻炼习惯的学生和家长纷纷利用校园开放时间到校参与足球运动，锻炼身体，增加亲子互动，从而增强了学校的体育氛围。

3. 兄弟学校纷纷效仿

学校的校园足球文化建设在区域内已经有了一定的知名度，很多学校纷纷到校进行参观学习和经验交流。比如区域内的长阳中学、启航中学、和睦小学等，还有外区县的萧山渔浦小学、普陀区六横中心小学、富阳万市镇中心小学等。在一次次的交流中，学校不断进行总结，并对下一阶段工作进行部署和展望。

4. 家校配合受益良多

目前，学校除了拥有四支生机勃勃的校足学生队外，还拥有一支蓄势待发的校足教师队。此外，实力雄厚的家长队也令人瞩目。随着一场场足球赛的深入，足球运动作为一种良好的黏合剂，促进了家校的和谐沟通。

5. 办老百姓满意学校

在足球课程的引领下，学校文化建设"以点带面"，整个校园散发着青春、活力和阳光的氛围。学生在足球课程中不仅提升了自己的身体素质，还培养了拼搏、团结协作的品质。在这一过程中，学生的综合素养得到了提升。学生学习轻负高质，在自信、阳光的环境中快乐学习，家长满意度也得到了大幅度提高。

6. 评审评语节选

杭州市长阳小学以校园足球为主，通过开展校园足球营造学校体育的文化氛围，以校园体育文化影响学生的体育行为，培养学生的体育锻炼习惯，给我们很好的启示，真正让我们体验到足球的文化魅力，应该说只要我们把体育向深、向广处去挖掘，就一定能看到它的博大精深。

第三章

3

通过校园足球联赛推动校园足球文化建设

　　足球赛事是营造校园足球文化的关键性因素之一，在全世界，足球运动之所以具有很强的影响力，就是因为有世界杯、欧冠、英超、西甲等顶级赛事。在全国大中小学广泛开展青少年校园足球联赛的背景下，必然形成以学校足球为主体的赛事文化。随着全国大中小学四级足球联赛体系的建立和完善，校园足球文化活动也得到快速发展。国家相关机构建立了全国青少年校园足球官网，对全国各省、市开展的校园足球活动进行报道和宣传，较好地反映了当前我国校园足球联赛和相关足球文化活动状况。各校园足球联赛布局学校建立了网络空间足球文化展示平台、学校足球梯队、校园足球节等丰富多彩的足球文化活动，形成学校生动活泼的育人场景。因此，探索中小学生足球联赛对校园体育文化的影响，对于促进校园足球文化的建设与营造有实际意义。

第一节　中小学校园足球联赛的价值和意义

一、中小学校园足球联赛的意义

营造学校体育发展的良好环境，对于推动学校文化的发展十分有益。采取多种方式加强校园体育文化建设，加大对学生体育活动的宣传报道，广泛传播健康理念，能引导广大青少年、各级各类学校和全社会树立科学的教育观、人才观和健康观，形成珍视健康、热爱体育、崇尚运动、积极向上的良好氛围。校园足球联赛在提高学生健康素质、守法意识、公平竞争意识、审美素养、健康生活方式及形象思维等方面有独特作用。校园足球文化也是校园文化的一种有效载体，通过开展校园足球竞赛和文化活动，可以加强学校体育建设，增强学生体质，对提高学生综合素质，实现教育现代化，建设人力资源强国，培养德、智、体、美全面发展的社会主义建设者和接班人，具有重要战略意义。

身为心理学家的教育部体育卫生与艺术教育司王登峰司长曾公开表示，体育锻炼对一个人的智力发育有着不可替代的作用，个人的智力在6~16岁之间的发展是最迅速的，而在此期间，是否参与体育活动，对于整个神经系统的发育有着极大影响。学校体育精神风貌代表师生在各类体育活动中展现出来的精神面貌，具体而言，指学生在体育活动中的拼搏精神、顽强精神、勇敢精神、自强精神、独立精神、励志精神、果断精神、团结精神、奋斗精神、娱乐精神等，这些精神风貌对学校的发展是重要的支撑力量，直接促进学生健全人格的形成。重视体育的学校与不重视体育的学校比较而言，前者更具有远见和潜在竞争力，其学生在未来社会中较后者具有更强的适应能力，学生形成的体育锻炼意识可以促使学生在生活和工作中展现出活力和激情。体育精神代表的是学校的朝气和活力，从深层次讲，它是一种文化的展现，指引着学校向健康良性的方向发展壮大。

文化可以促进经济和政治的进步，而政治体制决定着什么文化可以被采用和广泛宣扬。一个国家或者一所学校利用和吸收什么文化，与教育制度和国家政治制度密切联系，我国学校历来重视学生德、智、体、美的全面发展，而体育文化必然会被学校所重视，但是目前绝大多数学校在体育文化的重视程度上远远不够，学校往往把培养人的重心放在学生的文化课学习上，较少将体育活动以文化的形式展现出来，体育场地也显得毫无生气，陈旧且缺少学生活动的情形一目了然。如果学校在课余时间能展现学校生动活泼的一面，那么必然反映学生在体育活动中充满活力的精神面貌，如主动参与、勇敢顽强、拼搏进取、乐观开朗、好学好问、互相鼓励、快乐活泼、反应灵敏、团结合作、刻苦锻炼等，这些都是对学生成长至关重要的磨炼和经历。学生有了这些体育精神面貌，一方面可以传播体育文化；另一方面可以接受体育文化的熏陶，为学校的发展增添内涵，为国家的文化事业贡献力量。

二、中小学校园足球联赛的价值

中小学生校园足球联赛及一系列足球文化活动的直接受益者当属广大青少年，另外对学校办学也有促进作用。随着规模的扩大，中国竞技足球也会得到强有力的后备人才支撑。校园足球联赛的意义可以归纳为：增强学生体质，增强学生抵抗力，培养学生技能与特长，提高学生身体素质，促进学生德、智、体、美全面发展，促进学生加强体育锻炼，促进学生健康成长，培养学生坚强、忍受、团体、拼搏精神，对学生进行挫折教育，培养学生的团队意识和精神，全面提升学生的综合素质；给师生的心理健康带来转机，培养学校师生参与活动的积极性；增强国民综合素质，丰富校园文化活动，促进校园文化建设，促进校园活动的开展；发扬体育精神，例如平等、合作、竞争、共享、理性等。当前社会发展的动力不仅来自国家原有的硬实力，国家更是将文化软实力摆在战略安全地位，更加注重对青少年一代的教育，包括文化传承、世界观、价值观、人生观的教育。青少年体质的日益下降，在国家发展的过程中已产生了许多负面影响。挽救青少年体质，需要足球运动这样有重要锻炼价值的体育项目作为支点。足球运动的魅力无穷，能吸引众多的青少年参与。运动种类丰富多彩，根据参与人数的多少，可以分为团队项目和单人项目。团队项目的共同要求是协作、沟通、共赢、扬长避短、互相帮助、分工明确、职责到位。团队项目培养了参与者的合作意识、沟通交流、开拓创新等能力。校园足球联赛作为一项团队项目，其运营也给社会带来相应影响，例如吸引国家、企业、学校、家庭等社会各界人士的广泛关注。从大的方面讲，足球运动具有世界影响力，影响着人类的和平事业、人的信仰、民族意志等；从小的方面而言，足球运动影响着参与其中的每一个人及其背后的家庭、学校、企业、各类组织等。

1. 校园足球联赛的教育价值

作为体育手段，校园足球具有强身健体和阳光体育价值；作为教育手段，校园足球价值主要体现在素质教育方面，即培养德、智、体、美全面发展的社会主义事业的建设者和接班人；作为文化手段，校园足球价值主要体现在文化建设方面，包括班级、学校、城市文化建设方面。学校足球促进教育各要素之间的均衡发展，促进教师与学生和谐沟通，促进学生之间包容、奋进，丰富校园文化，弥补学校教育在培养学生社会适应能力方面的不足。学校教育对足球起着引导和传承作用，通过体育教师和足球教练对学生进行足球知识和技术的传授，可以引领学生在学习的同时参与足球竞赛，培养学生竞争意识、领导能力、自强精神，促进学生健全人格的形成。参与竞争激烈的足球比赛，给学生身心带来刺激。球场上学生要面对复杂情绪的考验，承受不同心理压力，接受失败与成功的考验，进行体力的较量、技战术的执行、个人与集体的配合等。足球比赛带给学生的影响是全面多样的，对学生思维、决策、反应、身心等方面具有较好的促进作用。概括而言，学校足球联赛对学生形象思维、创造性思维的开发影响重大。

2. 校园足球联赛的娱乐价值

目前，我国对中小学生施行的是义务教育，各学校由于对安全的考虑，多数中小学是封闭式环境。学校与社会截然不同，学校环境纯洁单一，学生遇到困难有同学和老师的帮助，还有家长的关心，与真实社会复杂的局面形成反差，容易降低学生对社会的认识程度。单一的学校环境也给学生的思想和精神带来一定影响。学生在学校要学习各类文化科目，除了音、体、美等课程可以缓解学习压力外，其他业余活动往往周期长、活动次数少，多数在特定节日才举办，使学生身心压力不能释放。校园足球联赛的开展给学校带来了一股运动潮流，学校形成了从未有过的热闹场面，不但给学生的学习生活带来快乐，使学生变得活泼快乐，期待欣赏比赛，渴望参与比赛。校园足球联赛的开展给学生的学习生活带来快乐，而且活跃了校园文化氛围，培养了学生乐观的生活态度。

3. 校园足球联赛的健身价值

学校举办的体育赛事影响着师生和社会，社会对学校的关注带给学校发展的建议和策略，增添学校发展动力。青少年处于学校教育环境中，学校中的任何活动都会影响学生的成长和价值观。学生通过参与和观看校园足球活动和比赛，加深了对足球运动的认识，掌握了与足球有关的规则和技术，为足球文化的传播埋下种子，同时增长了自身见识，开阔了视野。校园足球是体育和教育的结合体，是将体育项目运用于教育实践的产物。足球文化亦是校园足球的真正内核，是校园足球的本质属性。文化建设是校园足球的核心工作，校园足球的发展既是学校文化的发展，也是足球文化在教育领域的发展。课外体育代表着校园文化中最活跃、群众性最强的一面，它的教化与熏染与体育课有着同等重要的作用，校园足球的开展多数在课余时间，因此对学生的教化和感染是深刻的，促进了学校文化的发展，丰富了学校的文化内涵，有利于促进学校均衡发展。

4. 校园足球联赛的政治价值

随着体育文化的不断普及，一些有经济实力的国家或地区越来越倾向利用体育塑造国家意识形态，彰显本国或本地区的政策优越性。与体育有关的团体合作、公平竞争、个性塑造等贯穿媒体、社会、教育与经济发展中。政府对体育的重视伴随着政府意识形态在体育中的展现，体育作为国家的外交手段已被历史证明是可行的。中国城市化速度的加快给体育产业的发展带来了巨大机遇，许多国外投资者对中国的体育产业市场是十分认同的——中国人口众多，随着经济的持续发展，体育需求必然增多。政府在对外谈判和招商引资等环节上，也可以充分利用体育这一强力工具，一方面可以为中国体育产业发展奠定基础；一方面可以促进国家软实力的增强，提升国家综合国力。学校在发展过程中，学校领导的价值观和意识形态往往体现在学校各类文化活动中。校园足球联赛的举办之所以受到一些学校的重视，很多原因是学校领导为了学校知名度和办学声誉方面而考虑的，学校参与校园足球联赛，给学校带来独特的育人环境，形成鲜明的办学特色，参与校园足球联赛成了学校重要的对外宣传工具。校园足球联赛有利于学校知名度的提高，有利于学生健康成长，有利于学校健康持续发展，有利于提升学校形象，有利于为学校争得荣誉，提高师生自豪感。

5. 校园足球联赛的经济价值

学校足球是促进学生社会化和心理素质提高的有效手段之一，培养德才兼备、文武双全的人才是教育的完美目标，青少年正确世界观和价值观的形成仅靠文化知识学习是不够的，需要借助体育运动达成青少年教育的目标。足球不是促进学生社会化唯一的体育项目，却是全世界最受欢迎的体育运动之一，尤其受到广大青少年群体的喜爱，鼓舞着许多青少年迈向成功的殿堂。当众多青少年足球运动员经过系统训练，脱颖而出，成为足球运动员时，将给足球俱乐部和足球的发展带来巨大经济效益。在国外许多国家，加入职业足球行列是贫穷孩子改变命运的重要舞台，足球使这些贫穷的孩子走向成功和富裕，既能给自身解决了生存问题，又能为足球事业的发展贡献了自身力量。2009年自中国校园足球计划启动以来，校园足球活动以服务青少年成长、服务社会和谐发展为宗旨，以促进青少年身心健康发展、扩大足球人口、增加足球后备人才储备、推广足球文化为目标，以建立健全校园足球四级联赛、加大各类人员培训力度为重点内容，取得了长足发展；同时，吸引了众多企业和国外机构的关注。2014年3月26日，巴塞罗那足球俱乐部前CEO奥利沃出现在北京，正式成为《中国青少年校园足球动漫运营项目》全球品牌宣传大使。未来他将全力推动中国青少年校园足球项目的发展。奥利沃是巴塞罗那足球俱乐部前任首席执行官，在任期间为俱乐部创造了惊人的财政效益和品牌增值，开启了巴塞罗那足球俱乐部辉煌的时期。奥利沃在欧洲长期致力于足球赛事运作，近年来，他积极开发以中国为核心的亚洲重量级国家新兴市场，以此促进世界青少年足球水平提升与持续发展。未来他将推动中国青少年校园足球项目的发展，同时在包括动漫系列作品开发、电影策划、电视栏目打造、线下活动运营以及国际平台搭建等方面与中国展开全方位合作。他将把西班牙成熟、先进的青少年足球运营管理机制带入中国，引入更多国际力量及多元化技术支持，他将致力于把中国青少年校园足球项目推向世界。可以预见，我国广泛开展的青少年校园足球联赛将会创造巨大的商业价值，推动足球运动的持续发展，带动足球产业的商业化发展，拉动整个国民经济提升。

三、中小学足球联赛推动校园足球文化发展

1. 中小学生足球联赛可作为学校体育文化发展的助推剂

足球运动可以促进民族团结，弘扬爱国主义，是公民维持健康、友谊的纽带。理解、互助、创新、坚忍是青少年生存的保障，足球文化的传播有利于学生健全人格的形成，丰富青少年生活，培养青少年交流能力。学校是传播文化的重要场所，体育是许多国家教育体系中的一个重要学科，面对当前青少年体质日益下滑的态势，积极组织学生开展各种类型的体育、文艺、科技、社会等兴趣活动，开展学期运动会、单项体育，能够以多种形式促进学生全面发展。教育可使文化广泛传播，中小学生高质量的体育课、各类体育活动及业余体育训练，可以带动竞技体育的发展。文化学习可以增进学生智慧，培养学生良好的道德情操和社会适应能力。足球运动需要学生具有较好的空间感知能力、较好的形象思维能力和较强的人际交往能力。通过参与业余足球活动，学生的这些能力会得到锻炼和提高。在正确处理学生文化学习和业余足球活动与竞赛的关系前提下，学校应当采取有力措施，在保证学生文化学习的前提下，积极开展业余体育活动和足球活动，深入教育改革，提高教学质量，合理压缩课程时间，为体育活动腾出时间，减轻学生作业量，组织以班与年级为单位的球队，有计划开展学校足球竞赛活动，逐渐形成独具特色的学校体育竞赛制度。

2. 优化学校体育物质环境，引领校园体育文化发展

众所周知，篮球运动在我国的普及是十分成功的，有时即使踏入一个山村贫穷学校，都可以看到篮球场地的存在，篮球赛事接连不断，篮球文化价值观广泛传播。反观中小学生足球运动设施，陈旧、狭窄、稀少。可以预见，足球文化的传播会受到阻碍。一切文化的传播都依赖必要的物质环境。因此，建议学校周末及寒暑假开放体育场地，由政府拨付资金完善中小学生运动场地设施，优化中小学生体育物质环境，使校园体育文化在物质基础充足的情况下

得以传播。

3. 教育部门与体育部门合作打造校园足球文化

体育是教育的重要组成部分，学校应充分发挥体育在教育中的育人功能，保证学生每天一小时体育活动时间，贯彻执行教育部规定的重要措施；学生应以学为主，参加体育锻炼，全面发展。广泛的兴趣爱好，更多的自由空间，是创新人才的必要条件，学校要改变传统的教育理念，创新人才培养模式，使理论与实践相结合。学校领导办学思想的全面性和教职工对校园足球的认识水平对学生全面发展有直接的影响。学生在学校直接接受学校的各项管理，各地教育部门是学校的主要管理部门，学校任何活动的举行和实施都要依据教育部门的决策和规定，学校每一项活动的举行都会牵动学校内部各部门，需要各部门积极合作。教育部门没有相关学校足球政策的制定，学校领导和教师在开展足球活动中就没有制度保障，学校足球就会受到限制。只有明确省内教育部门在开展学校足球中的主体地位，学校足球的开展才有可行性。各地方教育部门的主体地位需要省级教育部门认真制定规划和发展战略，切实保障学校足球有章可循。

4. 学校领导采取措施平衡学校文化教育与体育活动时间

学校领导有开展各项活动的主导权，领导的措施对于开展足球活动有着巨大的帮助。学校领导应做到深入教学改革，推行素质教育，开拓全面发展空间，解放学生业余时间，保证教育质量，打消家长顾虑，鼓励孩子积极参加足球等各项活动，积极创造条件、因地制宜，逐渐解决问题，更新开展足球活动的场地设备，政府分管学校领导应转变传统思想观念，高度认识全面发展教育方针，想方设法给予校园足球以支持与政策扶植，这样才能够多渠道保证足球和竞赛活动的开展。只有合理分配各项教育活动，才能促进各项校园体育文化的传播，进而促进学校文化的繁荣发展。政府各职能部门、知名人士、专家学者应发挥群体优势，广泛争取有实力的企业进行学校足球赛事赞助，谋求各级政府的资金支持，促进学校间的足球文化交流，在大中小学生足球联赛顺利运行的基础上发展足球文化，建立有序衔接的校园足球文化体系，为建设文化强省做出积极贡献。

第二节　推动中小学校园足球联赛的
可持续发展

一、正确认识校园足球的发展定位

正确认识校园足球的发展定位是校园足球实现持续发展的逻辑起点，需要深刻理解开展校园足球活动的背景及其战略内涵。校园足球活动是开展阳光体育运动的载体之一，"增强学生体质"是校园足球的应有之义。此外，足球回归校园是我国中小学足球后备人才培养模式的战略选择。实践证明，回归教育是中国未来足球后备人才培养的必然之路，这样才能扭转中小学足球后备人才培养"规模小、质量差、成本高、风险大"的现状。综上，我国青少年校园足球活动发展任务包含两方面内容：一是以推广足球运动为手段，普惠大众，增强学生体质；二是构建足球后备人才培养新模式，"体教结合"培养"全面发展、特长突出"的新型足球人才。可见，校园足球培养模式和以传统足球项目、传统学校为代表的教育系统足球后备人才培养模式在组织形式、工作机制、发展重点等方面具有本质的不同。

校园足球培养模式的参与对象应该是学生中的多数，它更多的是向广大青少年提供一种外界环境。这一环境有利于激发青少年对足球的兴趣、普及足球知识和技能。校园足球作为阳光体育运动的重要内容，应使其充分融入学校各项体育活动，如设置足球校本课程举办课外足球活动、校内群体性足球比赛，开展课余足球训练及各级校园足球联赛，等等。它追求的应该是将足球作为一种教育手段，促进学生的全面发展，并实现足球运动的推广和普及、足球参与人口的增加，在此基础上，发现并培养有天赋的足球人才。也就是说，校园足球发展任务的两个方面是"基础"与"提高"的递进关系，两者互为依存，互相促进。因此，结合新时期我国经济社会发展特点和中国足球发展的客观现实，校园足球的发展定位应该是"普及"与"提高"两手都要抓，即通过建立普及和提高协调发展的工作机制，在青少年学生中广泛普及足球运动，在此基础上，注重足球人才的发掘和培养。

二、建立政府为主导、教育部门为主体的校园足球管理体制

建立完善的校园足球管理体制就是要解放思想，跳出传统体育体制的束缚，改变目前以体育职能部门为主体的校园足球组织体系，突出教育行政部门的管理主体地位，建立政府主导下、以教育部门为主、体育部门与教育部门相互协调配合的组织管理体系，体现"政府主导、教体共管，以教为主"的特征。

首先，学生分布在学校内，根据管理学中责任、权力、利益相统一的原则，教育部门应该顺理成章地成为主要管理者，从而承担校园足球工作大部分的责、权、利，通过科学的制度设计，让学校、家长和学生真正重视，并有效参与校园足球活动。

其次，校园足球的发展需要整合体育部门和教育部门的资源优势，体育部门在资金、技术等方面具有得天独厚的资源优势，因此，体育部门的支持和配合不可或缺。就其具体的职责分工而言，由教育部门搭建平台，全面负责校园足球活动的组织与开展，制定相应的政策和实施措施，通过合理的组织形式，推动校园足球活动不断发展。体育部门在提供相应配套政策的基础上，应发挥其在足球专业资源及资金保障方面的优势，提供专项资金及技术支持，为校园足球联赛的组织与管理、师资的补充和培训等工作提供业务指导和人力支援，并负责发掘有天赋的足球人才。

此外，校园足球作为一项巨大的系统工程，不仅关系教育部门和体育部门，还需要整合财政局、发改委、宣传部等部门的资源。因此，需要一个权力高于教育部和国家体育总局的机构来牵头运作。总之，在校园足球组织管理系统内部应该协调好各种关系，充分发挥其控制和整合机制，为整个体制的正常运转提供保障。

三、借鉴经济特区成功经验建立校园足球"特区"

20世纪80年代初，我国建立深圳、珠海、汕头、厦门等经济特区来促进我国经济技术的发展。事实证明，经济特区作为我国体制改革的试验场及对外开放的窗口和基地，为中国特色社会主义现代化建设做出了巨大的贡献，取得了举世瞩目的伟大成就。其成功的重要因素之一得益于特殊的扶持政策，如以减免关税等优惠政策为手段，创造良好的投资环境，吸引外商投资。

当前，我国的足球水平与竞技体育的辉煌成就相比落差极大，与我国不断提升的综合国力相比很不适应。中国足球后备人才极度匮乏已经成为制约我国足球水平的关键因素。为了解决这样的问题，国家体育总局已经着手给予足球一定的特殊政策，如改革全运会足球赛制：从十一届全运会开始增设了男女青少年组比赛，并增加了金牌和奖牌的权重。这在其他运动项目中是绝无仅有的。在政策杠杆作用下，全国各省、区、市对中小学足球培养的重视程度也有所提高。据统计，已经有22个省、市已经恢复组建了消失多年的中小学足球队。作为中小学足球工作的重要组成部分，校园足球工作体现"周期长、投入大、见效慢"的特点。这些特点决定了此项工作必然是艰苦的、长期的，然而对于中国足球的未来却关系重大。要想提高学校的重视程度、家长及学生的参与积极性，各种行之有效的政策是基本保证。因此，应研究借鉴经济特区建设的成功经验，在众多体育项目中建立校园足球"特区"。"特区"建设的核心内容是将校园足球作为体育发展的特定区域，采取特殊的扶持政策，吸引家长、学生、学校参与的积极性，实现校园足球的发展任务。

政策的特殊性主要体现在两方面：一是指这些扶持政策专门针对校园足球。也就是说这些政策是校园足球所独享的，而不是所有体育项目所共享的。二是指出台的政策不仅仅是对现有政策的完善和补充，还具有突破性和创新性。从最一般的意义上讲，政策是组织为解决面临的问题而进行的一系列活动过程。

目前针对校园足球存在的诸如学校不够重视、家长不太支持、经费投入不足、场地设施短缺、足球师资数量不足及水平不高等问题，需要出台具有针对性的扶持政策。例如，为了加强学校对校园足球的重视程度，有效调动校长的工作积极性，可以出台诸如将校园足球工作成效与定点学校校长的绩效考核挂钩等特殊举措。这是因为，校园足球依托的是定点学校，其参与主体是广大学生，诚如足坛名宿金志扬所言："在校园里他们踢不踢球，不是听足协的，也不是听教练的，而是听校长的。"此外，在当前教育环境下，尽管强调"以人为本"、注重学生的全面发展，但是追求升学率始终是学校、家长和学生所无从回避的社会现实。因此，争取出台相应的招生鼓励政策，突破大、中、小学的衔接瓶颈，构建"小学—初中—高中—大学"一条龙培养体系，使家长、学生明确看到踢足球的"出路"，将有效提升校园足球的吸引力，从而争取家长的支持，使他们愿意自己的孩子参与足球运动，同时也可以保障校园足球发展的系统性和连续性。另外，有关定点学校足球教师的课余训练、竞赛及培训的工作量计量及校园足球工作业绩与职称评定挂钩等鼓励政策，也应该不断完善和加强落实。还有，为了突破"场地设施短缺"这一制约因素，必须抓住当前我国推动公共体育服务体系建设的有利形势，出台相应的政策，如把足球场地设施建设纳入城市建设规划和土地利用规划。具体而言，在规划城市的公共体育设施、较大规模的社区和新建学校时，必须配套规划建设标准型或小型足球场地，并保证场地设施建设经费，等等。

总之，建立校园足球"特区"需要充分发挥教育部门的政策支持力度，并协同体育部门进行综合施政，以出台政策文件的形式进行正式规定。与此同时，要加强制度建设，对各项政策进行具体细化，提升政策执行力，以有效调动学校、教师、家长、学生等利益主体的参与积极性。

目前，部分布局城市已经率先出台了一系列的扶持政策和特殊举措。如为了畅通人才输送渠道，构建了小学—初中—高中—大学四级校园足球后备人才培养体系。在这方面，上海市已经走在了全国的前列。2012年1月5日，由上海市教委牵头、同济大学倡导，成立了上海市校园足球"一条龙"建设联盟，着手实施上海市校园足球"一条龙"课余训练体系建设，旨在构建从小学到大学定点学校和培养人数逐级递减的金字塔型培养体系，其突破点是构建大中小学足球"1—2—4—8"布局体系，由具备较好的开展课余足球训练基础和条件的高校和中小学及其所在区、县教育局和体育局自愿结盟组成建设联盟，学生可以根据自己的足球技能水平、综合文化成绩，在中考和高考中选择报考联盟内的学校，从而探索出一种校园足球发展的新型模式。

河南省临颍县政府出台了特殊升学政策：乡镇小学足球队员在小升初时，不受划片招生的限制，可以到有足球场地的学校就读，初升高时实行特招政策。自2011年起，临颍县已把足球技能测试成绩纳入中考体育加试项目。

江苏省《青少年校园足球活动的实施意见》规定：凡参加校园足球教师培训班的，经培训考核合格后颁发培训证书的体育教师，可将培训学时计入教师继续教育学时，获得亚足联和中国足协颁发的A、B、C、D级足球教练员证书的教师可作为评定职称的重要条件之一；各级体育部门要将"江苏省青少年校园足球阳光联赛"纳入体育竞赛等级运动员评定计划，对高中组、初中组运动员总决赛成绩按照青少年同年龄最高水平比赛标准评定等级；等等。

天津市也出台奖励政策：凡获得天津市中小学足球联赛初中组前八名的运动员将免于参加次年天津市初中毕业生升学体育统一考试，并按满分计算。

山东省青岛市在2010年制定的《青岛市足球运动项目发展规划（征求意见稿）》中提出："将足球场地建设纳入城市建设规划，加强专业足球训练基地和足球场地的建设与改造。"这些地域性成功经验值得借鉴和学习，并在全国范围内进行推广。

四、优化校园足球师资力量

日本、韩国足球水平多年来始终处于亚洲顶尖水平，并在世界范围内取得辉煌的战绩，其中很重要的原因之一就是两国都非常重视对教练员的培养。我国也应进一步加强足球教练员队伍的培养和建设。校园足球同样如此，足球教师（教练员）是校园足球一线工作者，对校园足球活动的顺利推进和发展具有至关重要的作用。可以说，校园足球要实现长远发展，师资力量是关键。目前，全国校足办主要采用培训的形式来加强校园足球活动的师资力量。但是事实证明，这种单一的形式不足以满足校园足球活动发展对师资数量和质量的需要。研究认为加强校园足球师资队伍建设、优化校园足球师资力量，应该包括以下两方面内容。

1. 扩充校园足球师资数量

开展青少年校园足球活动需要一大批有足球专业特长的体育教师，从目前情况看，最迫切的问题是学校现有体育教师数量不能满足开展校园足球活动的需要。鉴于此，研究认为，应该通过推进教师聘用机制的改革，完善足球师资队伍补充机制，增加校园足球师资数量，为校园足球发展注入新鲜血液。扩充足球师资的途径主要是通过制定"足球师资特设岗位计划"等，优先录用足球专项人才到学校任教。此外，可以整合、发挥教育与体育部门现有闲置专业资源，包括体育系统闲置的足球教练、退役运动员及俱乐部明星球员等专业资源，采用引进、兼职等多元形式，弥补足球师资不足的问题。例如，广东梅县县委、县政府已经进行了有效尝试，鼓励梅县籍的省级以上足球运动员退役后回梅县工作，参照大专毕业生安排接收工作。目前，梅县已安排接收18名退役运动员作为网点学校的专职教练员，这不仅切实解决了足球运动员的后顾之忧，更优化了校园足球师资力量，是"双赢"的结果。除此之外，还可以充分利用高等院校尤其是体育专业院校的足球专项教师及学生资源。可以聘请他们到学校指导教学、培训和辅导，这对于校园足球将是一笔宝贵的资源。以杭州市为例，根据杭州市2012年青少年校园足球工作计划，杭州市校足办与杭州师范大学合作建立了杭州市校园足球大学生实习基地，杭州校足办依据各定点学校校园足球活动的开展水平、足球师资情况等条件，将优秀大学生派遣至定点学校进行足球教学和足球训练实习。自2011年9月开始，杭州市校足办已向清河中学、富阳春江中心小学、萧山北干中学等13所中小学派遣大学实习生进校园，在一定程度上舒缓了足球师资短缺的现状。

2. 优化校园足球师资质量

随着校园足球的不断发展，需要不断优化师资队伍结构，优化学历结构、年龄结构、职称结构等，尤其需要不断提高教师（教练员）的专业水平。研究认为，优化校园足球师资质量的措施有如下几点：首先，推行足球教师（教练员）资格制度，以此来提高教师队伍的整体素质，即对定点学校从事足球教学和训练的教师（教练员）实行资格考试，按照分层分级管理原则，对考核合格者颁发相应等级的资格证书。资格证书不仅可以作为足球教师（教练员）职业准入的凭证，而且也可以作为评定职称的重要参考，从而调动教师的工作积极性和主动性。其次，还要重视足球教师（教练员）的继续教育培训。借鉴韩国培养足球教练员的做法，为了提高各级教师（教练员）的指导能力，对已经获得资格证书者要加大继续培训的力度，对已获得等级教练员资格的人员，必须让其参加每年定期举行的相应级别的强化培训，同时积极引入科学的训练方法和最新的信息资源，以此来提升教师的专业素质和业务水平，从而不断优化指导教师的质量。最后，要加强足球教师（教练员）的交流学习。优化足球师资不仅要"请进来"，还要"走出去"。所谓"请进来"，是指定期邀请国内外足球专家、知名人士等，以交流研讨会和专题讲座等形式，增加定点学校足球师资交流学习的机会，达到优化师资力量的目的。所谓"走出去"，是指选拔输送一批优秀足球教师（教练员）赴国外足球发达国家进行交流学习，汲取他们先进的足球训练经验。

五、加大政府财政投入

按照系统论的观点，系统内在的组分和结构及其外在的环境共同决定了系统的整体涌现性，其中环境对系统的塑造不仅在于提供资源和条件，而且还在于施加约束和限制。因此，我们不能无视中国社会转型期的特点来谈体育管理体制改革，更不能无视中国体育管理体制改革的特点来谈中国青少年校园足球活动的发展。当前，我国正处在由传统社会向现代社会转变的结构性变动阶段，其核心内容是政府职能改革，改变过去全能型政府的做法，重心转向为社会和民众提供公共服务。加强公共服务已成为政府职能转变的方向和重要内容。全国青少年校园足球活动立足学校，旨在增强广大青少年学生的体质、推动我国足球运动的普及与发展，具有公益性和基础性的特征，属于公共服务的范畴。因此，应该大力发展校园足球作为我国公共体育服务体系建设的重要内容。政府应该承担应有的职责，通过制定中央及地方政府财政启动政策，加大政府对校园足球的资金投入。具体举措包括以下几方面：

第一，由中央及地方政府出台公共财政投资政策，建立长期稳定的校园足球专项建设资金。目前，国家体育总局每年投入4000万的专项经费，这对于规模庞大的校园足球而言，可谓杯水车薪。研究认为，校园足球应该分享我国经济建设取得的成果，由中央和地方政府从公共财政中划拨校园足球专项经费，采取中央拨款、省市配套的形式，通过整合各自独立、相互分割的部门资金，建立校园足球发展专项建设资金，并进行统筹使用，为校园足球发展提供保障。例如，大连市校园足球活动经费由市县两级财政部门按职责分工分别予以保障：市财政部门对校园足球布局学校的训练、器材等经费给予适当补助，各区县财政部门对市补助资金要按照不低于1：1比例落实保障资金。

第二，采取重点地区重点发展政策。把有限的经费重点投资于具有一定足球发展基础、参与热情高的城市和地区，发挥其引领、带动作用，以点带面，形成辐射效应，夯实我国足球运动发展的基础。

第三，制定严格的校园足球专项经费管理制度。对校园足球专项资金来源、使用方式和范围、使用办法等进行严格规定，并定期对专项资金的使用情况进行检查，做到专款专用，严格审计。

六、加强舆论宣传

校园足球要实现顺利推进，就要加强舆论宣传工作，从而使社会公众及校园足球参与者充分认识校园足球的重要性和必然性，并积极地参与和推广。首先，要重视校园足球发展定位、发展思路、培养理念等核心价值体系的宣传，提高公众对校园足球的认识，形成全社会都积极支持校园足球的氛围。这是因为只有获得社会公众，尤其是学生、家长、校长的认同、支持和参与，才有利于实现校园足球的可持续发展。其次，要总结和推广校园足球实施过程中的成功经验及特色做法等，广泛报道校园足球取得的成效，发挥榜样的积极示范作用，有效地引导和促进各布局城市校园足球健康、有序地开展。

加强校园足球的宣传推广工作要充分发挥媒体的作用，使媒体成为校园足球发展最强劲的推动力。这是因为我们正处于信息高度发达的时代，传媒日益表现出其强大的传播力和影响力，生活在这个时代中的人们，都会自觉或不自觉地受其影响，尤其是处于可塑性最强时期的青少年更是会受其影响。因此，应该充分发挥网络、电视、广播、报纸等媒体的优势，结合校园足球参与主体的身心特点，形成以网络媒体为核心、电视媒体和平面媒体为辅的形式多样、点面结合的校园足球宣传推广工作平台，使其各展所长，对校园足球进行丰富多彩、生动活泼的宣传报道，提高宣传的实效性和感染力，突出全方位系统宣传的综合效应。

目前，许多布局城市都在通过多种形式宣传和推广校园足球。如武汉市校足办加大与武汉晚报合作力度，每周比赛日由武汉晚报随机选择定点学校，以"阳光体育，快乐足球"为视点进行采访和报道。北京市发行《北京足球》，通过这种平面媒体方式，为促进北京市开展中小学足球运动提供了新的支持。昆明市通过网站功能，使校园足球工作做到公开、透明，使学校和公众都能够及时了解动态；建立的QQ交流群可以很好地帮助大家进行沟通，使家长和孩子能从各方面及时了解到校园足球信息。2019年3月30日上午，由厦门市教育局、市体育局主办，厦门网承办的2019年厦门市青少年校园足球中小学联赛在厦门二中、同安一中、厦门六中、双十中学同时开赛，开幕式在厦门二中高中部举行。在随后举行的揭幕战中，初中男子超级组第一阶段小组赛，卫冕冠军外国语学校以16∶0狂扫双十中学。第二场比赛集美中学在0∶2落后的情况下以4∶3战胜湖滨中学。2019厦门市青少年校园足球中小学联赛是厦门市历届青少年校园足球联赛中规模最大的一次。本届联赛共有10个组别，有73所学校、116支参赛队、2291名参赛队员及教练参加，覆盖小学一年级到高三学生。2019年的联赛增加了揭幕战入场仪式，意在表达足球比赛纯净与友好的理念，宣传足球运动公平、公正的竞技精神，同时培养学生心中对于足球文化的"仪式感"，让足球理念深入人心。举办2019年厦门市青少年校园足球中小学联赛，旨在培养足球后备人才，通过普及，让更多学生喜欢足球、参与足球，达到以球健体、以球育智、以球树德的最终目标。值得一提的是，此次联赛开幕式及揭幕式全程由厦门网提供直播，为无法来到现场的足球爱好者生动呈现比赛盛况。

第四章

推动中小学校园足球美学文化建构

足球是一项美好的运动，如竞技之美、合作之美等，甚至还有悲情之美、拼搏之美。这也是推动足球文化发展，吸引人们关注的因素。阿根廷足球的悲情之美，荷兰无冕之王的拼搏之美，都让人如此迷恋和沉醉。足球美育教育有利于提高学生对足球运动美的认识。中小学足球美育教育与校园足球文化有着密切而直接的联系，足球美育思想和理论对指导人们的足球运动实践，提高人们的审美情趣，增强人们的欣赏能力和审美评价能力，起着重要的作用。足球审美素养的提高有助于足球工作者更深刻地理解足球、把握足球教育的本质，提高其对足球运动的审美欣赏和审美评价能力，有利于中小学足球文化的建构与营造。

第一节 校园足球美学分析

一、美育的概念

德国诗人席勒首次提出"审美教育"的概念，王国维、蔡元培把美育从西方介绍到中国。中华人民共和国成立后，随着经济的不断发展、社会的不断进步和人们思维的开放，为审美教育的发展提供了适宜土壤。熟悉我国教育发展史的人都知道，美育在我国的发展并非一帆风顺，一直到20世纪80年代中叶才被写进我国的教育方针，成为五育之一。

审美教育，旨在培养人审美发现、审美感知、审美想象、审美创造力、审美情感、审美人格等。王国维认为，审美是一个独立的领域，一旦有人进入这一领域，将产生超现实的快乐和自由的感觉。此为最纯粹之快乐也。他认为，美育带有某种外在或内在的力量，只有当人们在审美观照的美和他的反思中，才能获得真正的心灵自由。

二、美育的地位

美育常作为德育的辅助教育形式存在，或是被狭隘地理解为艺术教育。其实，美育的内涵极为丰富，不仅可以激发人们的感受力，还能培养创造力、形象组织力、多向思维、抽象的记忆力、坚强的意志品质、爱国精神、民族情感。美育的独特作用是其他教育形式所不能替代的。1997年李岚清在《中国教育报》上发表《加强美育工作，提高学生素质》，对美育做了最精辟的概括。他说："美育有着独特的功能和作用，这是其他教育所无法替代的。……美育的终极意义在于培养人的情感，净化思想，完善人格，实现身心和谐发展。美育是塑造完美人格，发展全面素质教育的重要方式。"

三、美育的功能

审美教育是个体发展的动力。它促使人不断追求理想和自由，不断地让自己成就自身脑海中的审美理想。朱立元先生在其主编著述《美学》中认为："审美教育根本上就是一种特殊的人生境界的教育……它的特殊目的就是通过审美教育培养作为未来理想社会新基础的自由而全面发展的人。"全面发展的人是审美的人，这是审美教育的最高目标。所谓审美的人，它具有敏锐的审美能力、良好的审美情趣、健康的生活态度、健全的心理结构、丰富的人格魅力、自由的精神和热烈的追求。美育终究是感性教育。美育经常与"直觉、感性、想象、体悟、情感"等词汇发生联系。在这个过度追求理性和科学的时代，人们忽视了感性的多元化存在，美育让人们重新重视对自身的内在观照，寻找遗失的情感，并尝试对人们进行心灵的塑造，促进感性和理性的协调发展。

四、足球与足球美育

足球是世界上最受欢迎的运动之一，全球每年都会举办大大小小上千场足球比赛。成千上万的人会为之疯狂，从欧洲到美洲到非洲到世界的每个角落，足球都是人们说不完的话题，它甚至成为人们的信仰，成为家族几代人的传统。

1. 足球的社会学根源

现代足球的诞生必然也伴随着经济的发展和时代的变迁。18世纪中期，资本主义工业革命开始，早期资本家开始"圈地运动"，大肆掠夺土地和生产资料。很多农民被迫离开家乡、离开世代耕种的土地，放弃传统的农业和畜牧业，来到城市成为大工厂手工业者。作为早期的工人阶级，他们身体强壮，充满热情，但背井离乡使他们不免觉得生活枯燥无味。在工厂放假或者闲暇的时候，一群人就用踢足球来打发时间和排解思乡之苦。足球既有趣又可以用来社交，还能丰富工厂的业余生活。随着工人阶级的不断扩大，足球运动也渐渐普及开来，同时，这也成为足球的一个性质特征。早期的足球队就是以工厂、社区、街道为单位成立的。作为资本主义最早萌芽的英国，也是现代足球的发源地。英格兰最早出现职业足球，以及职业化的球队、球员和球迷。谢菲尔德成

为有记录以来最早成立的俱乐部，随后又有十余家俱乐部相继出现。1863年英格兰成立了世界上第一个规范的足球组织。

2. 中国足球的文化特质

中国是古代足球的发源地。我国称之为蹴鞠，起源于春秋战国时期的齐国故都临淄（今山东省淄博市临淄），到了唐宋时期流传最广，《史记》和《战国策》都有对其的记载。蹴鞠作为一种游戏源自公元前307年，当时赵王去林中狩猎，见林中有野兔若干，就命人去捕捉回来。其手下将士兵分四路，围追堵截竟无人能将这几只兔子悉数捉回来，赵王身边一谋士为避免赵王大怒，灵机一动向赵王献计："围追堵截捕捉兔子，实在很有乐趣，不如用一物代替兔子，在宫里让两班人马争相追逐，以此可在宫中长久玩乐。"蹴鞠就这样诞生了。齐宣王在位期间，蹴鞠运动就已经在临淄城的民间广泛流传开来，成为民间盛行的一项娱乐活动。不过那时人们多将蹴鞠作为娱乐活动，比赛的性质很低。到了汉朝，蹴鞠被提高到"习武治国"的高度，汉武帝很喜欢观看蹴鞠，《汉书》就曾记载，汉武帝在宫中经常举行斗鸡、蹴鞠比赛的"鸡鞠之会"。西汉时期，蹴鞠的社会地位和知名度有了很大的提高。甚至有一些大臣在家中专门养一帮人蹴鞠，并称他们为鞠客。可见，西汉时期蹴鞠的社会地位和普及程度都有了大幅的提高。到了唐代，蹴鞠中出现了"球门"，开始有女子参与蹴鞠活动，甚至有了专门的术语来描绘蹴鞠的"技战术"。宋代，高俅甚至因为是蹴鞠高手，而受到皇帝重用，因为皇帝也喜欢观看蹴鞠运动。然而，我国古代儒学家认为"玩物丧志"，并不重视这个运动。到了近现代之后，我们才开始接触现代体育理念。但是我国的社会开始动荡，缺乏一个良好的体育发展环境。近现代以后蹴鞠在我国开始没落，想必和当时中国经济政治思想的发展是分不开的。

3. 足球的多维价值

足球除竞技运动方面的功能，还能为世界各国的政治经济带来深远影响。以2014年巴西世界杯为例，一个月的比赛周期为巴西经济带来了134亿美元的收入，增加了超过50万个就业岗位，GDP增幅超过0.5个百分点，让巴西在无形中增加了民族自豪感，凝聚了国民的力量，缓解了社会危机。同时，2014年的巴西也成为整个世界经济增长的重要力量。无数次历史经验证明，任何一个大型的足球比赛都会为主办国带来巨大的收益，因此，世界杯、欧洲杯都成为各国竞相争取的"香饽饽"。除了政治经济方面的特殊作用，足球也起到文化交流的巨大作用。首先，足球文化就是特殊的文化现象，一个国家可能因为足球而被世界印上某个标签。例如，巴西在人们心中就是足球王国，即使贫民窟里再穷的孩子都对足球有着满腔的热情，哪怕只有一团报纸揉成的球都能让他们乐此不疲。再如，冰岛国家队在2016年欧洲杯上的表现，让世界对这个小小的、靠近北冰洋的国家刮目相看，他们团结的精神、不服输的勇气让世界都为之一振。足球的交流同时也是文化的交流，每届世界杯都将世界各地的球迷聚集在一起互相讨论交流，传播各自的足球理念。

4. 足球的美学特征

几百年甚至上千年来足球运动长盛不衰，它的魅力究竟在哪？为何历经社会多次大变动，足球的地位依旧牢固？席勒说，当一个人在游戏时，才是真正意义上完整的人。某种意义上足球就是游戏。足球是一种游戏冲动，足球运动中的人们把理性和感性相交融，随着身体释放生命潜能，呈现审美的活的形象。足球运动中充满了奔跑、摆脱、戏耍、追逐，也可以用两个字概括——自由。人在自由的状态下是利于审美的。奔跑追逐不免让人们想起小时候我们在草丛里，在田野上无忧无虑奔跑的情景。麦克杜格尔在他的《天生就会跑》中描述："人类天生就有奔跑的冲动和欲望，只需要将它呈现出来就好。"人们在奔跑中感受生命的存在和意义，用跑动的身体感受着世界，奔跑时的美好与自由感立刻掩盖现实生活的压力和不愉快，这样的愉快可能会让人上瘾。足球的魅力来自除竞技以外的很多因素，足球运动员的个人魅力，赛场内外的各种新闻，当然最重要的要数足球运动员拥有的激情和冲动。作为极具观赏性的运动，足球最吸引人的本质源于它的竞技性和对抗性，以及由其衍生出的情感。激烈的对抗给人视觉的冲击和享受，输和赢让人狂喜和悲伤。足球吸引人的地方主要有技术层面的因素、情感层面的因素。技术层面的吸引力面向的人群相对较窄；而情感层面的吸引力则面对绝大多数人，并且情感上的吸引力持久、深刻。

五、足球中折射的情感

1. 器物之美

足球场上一刻不离转播镜头的不是足球运动员，而是那个大家拼了命都想要看的足球。每届世界杯、欧洲杯或大型足球比赛人们都会设计一款属于自己的比赛用球。传统的足球由20个正六边形和12个正五边形组成。由于现代足球制作工艺和技术的发展，有更多的方式制作足球。例如，2006年德国世界杯比赛用球成为最受欢迎的足球，它是由14个面组成的，最小化了球的缺陷，使球本身更加均衡、精确，更好控制。同时，足球表面的图案通常千变万化，是彰显比赛个性特点的重要途径。比赛用球图案设计的好坏直接关系人们对比赛的关注和喜爱程度，也是日后比赛"遗产"作为商业用途的重要一环，毕竟对于好看的球人们也是会偏爱的。

2. 环境之美

足球总是出现在大片的草地上，球场里有天空与草地，有砖瓦与人情。诺坎普、伯纳乌、老特拉福德、圣西罗、马拉卡纳、糖果盒这些耳熟能详的球场除了迷人的外表，更有数不尽的动人故事。一切的遭遇与历史让足球始终处于流动的画面，神圣而伟大。跟高尔夫球相比，足球运动需要一个美好的环境，让球员和观看者获得最美的体验。

3. 球员之美

足球运动员大多身材高挑，比例匀称，气质阳光，面庞英俊，在赛场上奔跑起来煞是迷人。除了外表有吸引力，球员的精神意志，刻苦经历也是吸引人的地方，成功背后的付出鼓励了一代又一代球迷。世界顶级球星C罗，年过30，依旧一身如同雕塑般的肌肉，让人赞叹不已。勇敢地追逐梦想，并为之付出全力，他们是年轻人的精神偶像，为年轻人的茁壮成长注入满满的正能量。梅西天生缺乏生长激素，只能通过药物来维持身体成长，身材最终也不高，但是通过勤奋努力，却成长为足球场上最伟大的球员之一。正是他们的举手投足让更多人爱上了足球。看台上的球迷不断为他们的偶像呐喊疯狂，足球与人完美地结合，让人更有魅力，也让足球更有魅力。

4. 技战术之美

足球是11个人的运动，配合是集体运动中非常重要的部分。每个球员面对不同的对手都有不同的打法，同时每个球员在自己的位置上都恪尽职守，发挥自己特点的同时全力帮助队友。因为仅仅有几个优秀队员并不能把球队带入世界顶级的水平。纵观历史，世界上最出色的球队都有队友间密切的配合，团结让他们更强大，团结让他们互相弥补，互相学习，互相鼓励。不倒的精神是足球之魂，完美的技战术配合是合力打赢对手的致命武器。

5. 震撼之美

一场90分钟的足球比赛可能只进1到2个球，过程中有无数次曲折，有无数次风云突变。球员没有一秒是停歇的，组织进攻、被破坏、再组织、再破坏，前面的一切准备都是为了最后致命的一击。当机会到来的时候，一粒进球能让现场几万人，电视机前几亿人瞬间疯狂，山呼海啸地呐喊，震耳欲聋地欢呼，人们相拥而泣，置身其中的任何人都会被这震撼美所感染。利物浦队面对强大的AC米兰，在几乎不可能的情况下翻盘，夺取欧冠奖杯，震撼全球。

6. 悲剧之美

有比赛就有输赢，足球的世界里没有永远的赢家也没有永远的输家。对于足球人来说，越是重要的比赛，越是希望自己的球队能够取胜；越是寄予厚望，结果越是能给人留下深刻的印象。相较"赢"，可能"输"反而更能让人刻骨铭心，久久难以忘怀。欧洲郁金香荷兰队，是一支世界上传统的强队，在各种大赛中经常取得好成绩，也从不惧怕任何对手。他们拥有世界上最出色的天才球员，最出色的教练，全世界都对他们寄予厚望。可是他们一次次打进世界杯决赛，却从未获得过世界杯冠军，因此他们被人们亲切地称为"无冕之王"。看着输球的他们，不知道电视机前有多少人在为他们流泪和心碎。多少次近在咫尺的胜利，多少次憧憬最高的荣誉，又多少次心碎而归。这就是足球中的遗憾悲剧美。

7. 爱国主义之美

足球是两个对立阵营之间的比拼，两个阵营代表了各自的荣誉，都在为球队的尊严和荣誉战斗。当人们把自己融入球队，那球队的胜负就和自己有关系，自己也会尽力去帮助球队取胜。教练会用最合适的战术、球员会用最顽强的意志、球迷则会倾尽自己的热情。世界杯上，球员们代表自己的国家上"战场"，能代表国家出场对很多人来说是莫大的荣耀。他们为此积极准备，尽力争取胜利，赛场上奋不顾身。此时，看台上的球迷也将自己的喜怒哀乐与国家的荣誉相挂钩，"国家"胜利了会觉得无比自豪和发自内心的喜悦，"国家"失利了会流泪，会惋惜，会心痛，这种感情和真正战场上国家的命运跌宕起伏类似。足球在很多时候都能激起人们的爱国主义情感。

8. 商业化之美

足球的商业化历史几乎伴随着职业足球的出现，商业的包装和渲染总能给足球增添一些人为的色彩，但这也让足球更符合现代人的口味。例如，两个球队的头号球星，有不同的赞助商，赞助商一方面希望自己的代言人取胜，另一方面也希望自己有更多的曝光率或者话题。赞助商习惯在比赛前举办主题性的活动，希望在线上或线下，吸引球迷的关注和青睐。电视转播商们也善于制造悬念，给比赛赋予更多的人文色彩，告诉人们只有看完这90分钟比赛才能揭晓答案。

9. 参与之美

在参与足球的过程中除了可以拥有人类原始的自由，还能获得与同伴嬉戏玩耍的乐趣。游戏是自然自由的人所钟爱的，不管是什么年龄阶段的人，尤其是孩子。同时，足球也有极好的健身作用，经常练习有利于保持健康，促进骨骼、肌肉、神经、大脑的发育。许多家长让孩子练习足球更多是看重足球的健身优势。

第二节　校园足球的美育发展

一、我国校园足球发展滞后

　　足球这种世界级的运动在很多国家都有很好的普及。在一些国家，小到刚会走路的孩子，老到颤颤巍巍的老年人，谁都会踢上两脚足球，在家里收看比赛，到现场观看比赛是常态。足球是他们生活的一部分，和他们密不可分，并且深深地烙印在他们的文化里。虽说古代足球起源于中国，可是现代足球似乎始终没法成为国人的骄傲。1994年中国职业足球诞生，大量资本流入足球行业，大大小小的足球学校拔地而起，中国职业足球联赛一度成为当时最热门的话题。尽管这样，也没能让中国足球从此如青云直上云霄，成为我国拿得出手，站得住脚的运动项目。仅仅在足球运动相对落后的亚洲，中国也只能徘徊在二流的水平。近几年，中国男足的世界排名都在100名以后，甚至有逐年下滑的趋势，与近邻韩国、日本仍有不小的差距。造成这种现象的原因有很多：社会风气、民族特点、管理水平、训练水平、后备人才供应等。

　　后备人才是足球发展的基础。解决后备人才储备的问题，可能不仅仅是建几所足球学校，照搬欧洲的培养模式就能解决的，这是一个复杂而科学的体系。德国队赢得了2014年足球世界杯的冠军，作为传统的足球强国，他的U17、U19、U21也始终在世界大赛上有好的表现，这不仅要归功于德国科学的青训体系，还有其先进的足球理念和意识。德国很重视俱乐部与普通学校的合作，将足球融入各年龄阶层学校，国家给予支持。我们的邻国日本也有着完善的后备人才训练体系，每年的寒暑假都会举办以学校为单位的全国范围内的足球比赛，还开展培训班、训练营等。

　　我国的足球学校在20世纪90年代有过爆发期，后来逐年减少，目前在发达城市还有仅存的一些。近几年，随着一些大的资本注入足球领域，投资者也开始意识到后备人才培养对足球运动发展的重要性。恒大皇马足球学校，是广州恒大集团与皇马俱乐部合作创办的学校，从小学一年级到高中三年级再到大学本科，学校将文化教育和足球训练融为一体，衔接基础教育和高等教育。文化学习教授部分由中国最顶尖的中学人大附中负责，聘请了很多特、高级教师。足球专业方面则由皇马负责。学生有机会进入皇马的各个梯队训练，去欧洲学习。也有机会进入中超的各个梯队，成为足球运动员，或者进入国内国际一流大学学习深造。

这种全日制、全封闭的足球学校，对我国足球后备人才培养是相对有利的，可是从小就确立足球这条人生道路的孩子毕竟是少数。很多家长甚至不愿意自己的孩子踢足球，即使有足球特长，也不会全身心投入足球。他们觉得在中国这样的大环境下，足球是没有出路的，耽误正常的升学与成长。因此，绝大多数孩子都会选择去普通学校，接受普通教育，其中也包括有足球爱好或有特长的学生，这样普通校园足球教育对后备人才培养就起到关键作用。在关于类似足球专业学校的建设中，有学者提出改变过去传统的模式，应该着重加强孩子足球理念的建设。让他们接受先进的足球理念，以注重文化基础为前提，把以往偏重室外技术训练，扭转为在普及先进足球理念的前提下再进行室外训练。所谓先进的足球理念，除了先进的足球技术、战术意识还包括心理学、生理学知识，尤其是运动人体科学。有基本的体育生理学知识，会让青少年更加了解自己的身体构造，更深刻地了解足球技战术，使学生在实践中有理论支撑。

同时，学者们还认为，需要加强青少年的足球基本功素质，在深刻了解青少年身体发育规律的基础上，科学安排运动负荷与训练计划，科学、渐进、全面地发展青少年身体素质，严格规定不同年龄阶段应该达成的身体素质目标，为将来的技战术学习奠定身体基础。另外，文化学习的重要地位仍须加强，欧洲一些国家和日本等都很注重运动员的文化学习，甚至有在普通文化学校选拔运动员的人才选拔体系。任何运动都是脑力与体力的结合。脑力的开发，智育的加强都能促进人们综合运动能力的发展，足球运动员在比赛中的临场机智，就是智育培养的表现。同时，教练员的素质也成为制约我国专业足球学校发展的因素之一，优秀教练员的培养与选拔是难点也是重点。在我国，专业足球学校普遍存在的最大问题就是轻视了文化学习。一旦运动员不能在足球领域发展，其他素质又远落后于同龄人，这使得他们在社会上的竞争力普遍低于其他同龄人，也使得全社会对成为足球运动员有所顾虑。

2009年，教育部、国家体育总局联合下发了《关于开展全国青少年校园足球通知》。2015年，教育部又颁发了《关于加快发展青少年校园足球的意见》，提出到2020年，支持建设2万所青少年校园足球特色学校，2025年达到5万所。重点建设200支高等学校高水平足球运动队。国家利用校园足球作为发展学生体质、培养良好品质的突破点，同时培养足球后备人才，提高我国足球水平，普及足球运动。校园足球上升为"国策"。

江苏省在2015年确立了618所足球特色学校，包括小学、初中和高中。中小学1~2年级每周4节体育课，3年级一直到9年级每周3节体育课，高中每周2节体育课，每个足球特色学校每周至少有一节足球课。这意味着，从2015年开始，江苏有大批中小学生开始接受规范的足球学习和训练。全国不仅江苏，很多省都确立了足球特色学校，一时间中国的"足球人口"大幅增加。可是仅仅设立足球特色学校，开展足球课程就能使我国足球大环境向良好方向发展吗？笔者认为，让这些"不懂事的孩子"被动接受足球，其意义远低于让他们主动去了解和学习。可是促使他们主动的动力在哪呢？本书着重讨论中小学阶段的校园足球。学习动力与需求，分为内在、外在，近景和远景，内在的动力最稳定、最有力。6~18岁的青少年其感性因素往往是支配他们做决定的重要内因。因此，情感的刺激会是有效刺激。感性刺激、情感培养是美育的起点也是美育的归宿。将美育融入校园足球教育，也会取得良好的效果。通过系统的足球学习，提高技术水平是客观的，更重要的是可以提高足球在青少年中的受欢迎程度，让青少年真正了解足球，接受足球，使足球真正融入青少年的生活里、意识里，这样才能真正提高我国整体的足球大环境，培养大批的后备人才。这便是审美教育与校园足球的共通之处。

二、校园足球蕴含的美育元素

体育中蕴含美育元素。体育与美学的结合由来已久，原始的体育活动中往往蕴含艺术娱乐等美学因素，古希腊时期，人们把"肉体完美看作是神明的特性"，柏拉图主张心灵的美化与肉体健美是内在一致的，正是这种健与美、肉体与精神浑然一体的主张造就了古希腊文明的繁荣。体育本身也含有较多的美育因素。一方面，体育作为身体的教育，具有促进人体健美的功能；另一方面，体育作为身体协调自由的活动，使运动者和观赏者产生强烈的审美体验。因此，体育是美育实施的一个必不可少的领域。

学校体育中蕴含美学元素。作为全面发展素质教育的组成部分，美育渗透学校教育的各个学科中，包括体育。人们经常忽略学校体育也是美育的实施途径这一点，忽略了学校体育教育对美育教育的重要意义，只重视体育强身健体、发展体质与运动技能的作用。校园足球美育是对美育实践化的探究，是体育与美育结合的示范。赵伶俐提出"审美化教学"思想，强调将美育运用于教育教学的各个环节。这不仅需要了解美育对审美发展的阶段特征，还要求学校和教师研究如何进行实际的美育教学。因此，校园足球美育是将美育理论应用于实际校园足球教学之中的探究。审美教育即美育的概念至今没有明确的表述，但总结起来可以概括为培养人发现美、感受美、创造美的能力的过程。校园足球美育是审美教育在足球领域的具体运用。通过类比美育与体育美育可以得出如下概念：校园足球审美教育是培养人们发现足球之美，感受足球之美，创造足球之美能力的过程。

（一）审美教育与校园足球的连接点——兴趣

1. 兴趣对于足球学习的积极意义

兴趣可以说是一种带有积极色彩的认知倾向。是学习动机中最具主观色彩和最强大的推动力。学习动机是让个体持续学习的动力机制，并且动机可以指向一定的学习目标。学习动机包含压力、推力和拉力三种因素。压力由外界（客观现实环境、家长、老师）强加于个体。拉力通常与学习带来的结果挂钩。例如，好好学习以后就能找到好工作；书中自有黄金屋，书中自有颜如玉。但压力和拉力都不是主观直接的因素，教育学中认为只有推力才能对学习起到积极长远的推动作用，推力是指个体发自内心的对于学习本身的追求和向往，如强烈的探究心和巨大的兴趣。人们常说，兴趣是最好的老师，在足球的学习中兴趣也非常重要，只有当学生对足球运动感兴趣了，才可能主动并快乐地参与其中。参与足球的人多了，这项运动才会发展。研究表明，兴趣在学习中对学生注意力提高、注意力分配、阅读能力、主观努力、逻辑推理等都有很积极的作用。"兴趣"一词光从汉语的词源来看，就有相当广泛的含义。对兴趣的心理学领域的研究可以追溯到赫尔巴特。他认为兴趣是教育的直接目的，兴趣是主动性，会导致意义学习和长时记忆，并进一步促进学习动机。

杜威对兴趣的理解较为宽泛，他认为凡是一个目的产生，并能推动自身去努力实现它，就会变成兴趣。在他看来真正的兴趣能够让主体在客体中自我发现。目前心理学界普遍把兴趣划分为个体兴趣和情境兴趣。个体兴趣强调个体本身对事物的倾向，是描述个体对某一事物或活动的偏向。个体兴趣的发生发展是经过长期的环境作用和长期的后天学习而产生的。环境和学习使得个体内在价值体系和大脑的知识体系发生变化，从而导致个体兴趣产生或发生改变。简而言之，个体兴趣就是个体内较为稳定的兴趣，长久存在，并且不易受环境影响而改变。它的产生是个体与环境长期作用的结果，发展相对缓慢。但是个体兴趣对个体长期坚持某种活动有较大影响。同时，个体兴趣对学习和环境也有反作用力。积极的个体兴趣会促进学习，并且是有意义地、高效地学习，有助于个体长久沉浸于学习中，产生不断地学习动力，持续学习。积极的个体兴趣也会积极地促进个体改变环境使其更适合自身发展。情境兴趣和个体兴趣不同，它不是由于环境和学习长期作用导致的主体变化，而是仅仅着眼于当下即时引发兴趣或趣味的客体；它不是主体因环境和学习长期作用导致的偏爱，而是客体的吸引；它可以描述为一种交互建构，是主体在特定的客体交往中产生的现象。情境兴趣的激发因素复杂，多取决于事物的属性特征和呈现方式，以及个体在与事物接触中的主观感受。同时情境兴趣受个体自身知识储备和价值观影响较小，受外部因素影响较大，它的激发周期较短，并且维持时间不稳定，可能很快消失，也可能转化为个体兴趣长久存在于个体中，对个体行为产生深远影响。因此，基于个体兴趣建立周期长，难以改变的特性，在教育领域的兴趣研究多集中在情境兴趣上，并认为，在教学中激发情境兴趣能增加学生的学习动力。

对于学习兴趣的研究，个体兴趣和情境兴趣是不可分割、至关重要的两部分。在教育教学实践中，由于个体兴趣狭隘难以转变，因此，利用个体兴趣去提高教学质量很难。情境兴趣的激发时常伴随新颖与挑战。新颖激发好奇，挑战激发斗志，激发主体的探究欲望和意向是唤醒情境兴趣的关键。对于运动项目的兴趣，不仅要了解作为客体的青少年兴趣产生的条件，也需要掌握作为客体的情境如何设置才能引发兴趣。

2. 情境兴趣影响因素

（1）个体已有的知识经验基础

个体已有知识经验往往会影响个体的价值判断与选择，这个比喻类似直接经验和间接经验。间接经验总显得枯燥乏味、生硬刻板，是将前人的总结，生拉硬套地"塞给"学生，还要求他们在以后生活学习里"灵活"运用。这未免有点牵强，学生即使"掌握"也仅限于记住或背下了这些知识，真正深刻的理解肯定是达不到的。因为没有亲身经历过间接经验，终究是"纸上谈兵"。这样的学习体验必然是枯燥乏味的，毫无兴趣可言。学生也不会主动地去学习这些知识，更不用说在长久的一生中都以此为乐。相比较而言，学生一旦个体有了直接经验，经历过后就会长久深刻地记住该经验，不需要枯燥的重复，不需要外界的强制。个体还会把现有的直接经验和以往的经验结合起来融会贯通、灵活应用，甚至有所发现和创新。愉快的学习体验会让个体在今后想方设法去复制体验，兴趣也应运而生。所以，直接经验给予个体的是愉快而深刻的印象，间接经验给予个体的是枯燥而有压力的主观体验。可见，已有的知识和经验对学习某种知识是多么的重要，愉快的体验对兴趣的产生是多么的重要。

（2）事物的特征与呈现方式

个体已有知识经验是重要的主观内在先决条件，但对于客观的知识本身如何能在不改变内容的前提下，让个体有更好的"体验"呢？对于丰衣足食的现代人而言，基于感官的享受，服务型消费占有重要的支出比例。这类消费的满意程度就取决于两个字——"体验"。良好的体验意味着较高的服务质量，人们也愿意为了良好的服务体验而付出高昂的代价，并在经历过一次满意甚至超乎想象的满意之后，不断想再次寻找这样的感觉，这在心理学上可以称之为"瘾"。人类的共性是不断让自己愉悦，因此才会有"瘾"的存在。阐述这些只是想将心理学中常见的"瘾"现象类比到个体学习过程中，这里的"瘾"和"兴趣"相类似。兴趣会让人有良好体验，并在日后不断追求，因为它们都有一个共性"良好的体验"。可见"良好的体验"是人类生理心理的普遍倾向。

心智还未成熟的个体，即使他们的理性上不明白所谓"瘾"，但他们生理心理也仍然是趋向良好体验的。很明显地表现在遇到喜欢吃的东西会停不下来，用喜欢的颜色给图画上色，在作业和游戏面前永远选择后者。他们用行动证明"瘾"的这套对他们也是适用的。人们之所以要不惜代价地寻找或再次找回良好体验，也从侧面说明一个道理——"良好的体验"非常难得，不是生活中随处可见的。我们再从服务行业中的良好体验说起。商家绞尽脑汁，不断推陈出新，为的就是根据顾客的需求，尽量满足他们，给他们更人性化、更贴心的服务。例如，旅游时，用什么方式呈现什么样特色美景，让游客们流连忘返，终生难忘，甚至口口相传。迪拜的一间餐厅给了人们一个意想不到的答案。他们把餐厅搬到了沙漠，在用沙地越野车带食客们体验了疯狂的沙漠飞驰之后，带食客来到了露天的沙漠餐厅。餐桌置身于沙漠和一人多高的仙人掌中，食客们一边享受着美食一边欣赏着沙漠中的日落。这样美妙又神奇的体验想必一辈子都难以忘怀，每每想起都有不枉此生之感。极致的创意造就极致的体验。

回到我们的教学中，上至国家的教育领导层，下至亲力亲为的教师，都想用最简单、最有效的方式使学生牢固地掌握知识。这个难题存在了数千年，人们也研究至今。笔者认为，将知识用最好的体验方式呈现在学生面前，一定会比用单纯的固定的呈现方式效果要好得多。体育知识和数学、语文、生物知识的区别在哪？体育知识能容易地把直接经验和间接经验联系起来，这取决于体育知识本身与身体运动相连接，以及传统体育知识的教授方法。因此在为了取得"良好体验"的过程中，体育知识比其他知识快在于不需要先去解决直接经验和间接经验的矛盾，体育知识可以直接考虑呈现方式的问题。虽然在路径上体育知识存在优势，可是从上到下教育者的求变思想却远落后于其他学科。体育教育者较少意识到如果用更合理有效的呈现方式去引导学生体育学习，对学生本身以及运动项目而言都会有巨大的改变，甚至可以改变一项运动在一个国家的命运。正如上文所述，体育兴趣自然是体育知识学习的推动力，体育兴趣决定了个体的运动倾向和运动频率等。

就足球项目而言，想要改变足球在我国的发展窘境，提高学生的足球兴趣是最有效的科学途径。体育兴趣也分个体兴趣和情境兴趣，体育情境兴趣便于教育者们激发和创造。又回到情境兴趣的激发——给我们的"食客"带来新

奇难忘的良好体验。前文我们已经分析过了情境兴趣在教育中的重要作用，以及从哪些方面下手可以提高情境兴趣，其中最重要的就是把知识用学生们喜欢的方式呈现，给他们良好的体验，使他们记住，从而增加情境兴趣。我国现有的体育教学课程是以身体练习为主要手段，以体育与健康知识、技能、方法为主要内容，以增进学生的健康为主要目标的必修课程，有鲜明的基础性、实践性和综合性，是学校教育的重要组成部分，贯穿基础教育、职业教育与高等教育，是培养全面发展的人才必不可少的途径。对于体育课程目标，有五大内容标准：运动参与、运动技能、身体健康、心理健康与社会适应。从水平一至水平六（小学一年级到高中三年级）所有的学习目标都按照这五大标准的内涵展开。大家都听过这个口号，"让学生掌握一到两个会终身使用的运动项目"。这句话像是一个目标，达成这个目标有很多好处，可以提高我国人口素质、全民体育运动水平等等。这句话用直白的方式告诉教育者，你需要教会学生一到两个运动项目，要使他们在今后长期的生活中熟练使用。同时这句话也告诉受教育者，你需要并且有必要学会几个运动项目，这对你有好处。目标以及目标将会带来的好处我们都知道了，就差如何做了。如今的学校体育在实现运动技能这个目标时，多数教育者仅仅把目光集中在如何教会学生们几个技术动作或者战术配合。上课的流程万年不变——教师示范讲解，学生模仿练习；教师纠正，学生再练习。经过几节课的学习练习和检测，学生基本可以掌握简单的技战术动作。可是纵观这样的过程，和其他学科之间灌输间接经验有什么区别呢？为了学习而学习，体育课仅仅是把课堂搬到了户外，学生的学习模式没有得到改变，教师的教授模式也没有改变，本来有直接经验优势的体育课完全被埋没了优势。这样的学校体育教学又怎么会给学生带来良好的体验呢？更不用说在以后的生活里学生会不断重复所学的运动。还是从如何在体育课上给同学们良好的体验说起。相比知识和经验本身，教师可以突出或者放大事物自身的特点以及用更合理的方式将其呈现在学生面前。我们联系足球运动来讨论这个方式的具体操作。想要发展足球这个运动项目，最简单的道理就是要培养学生对足球的兴趣，让他们喜欢上这项运动，主动参与进来。具体的操作笔者会在后文的操作建议中指出。

（二）青少年兴趣特征

青少年的兴趣不同于成年人，想要利用他们的兴趣就必须先认识青少年的特征。青少年由幼稚走向成熟，个体与个体之间存在着差异性，在不同的年龄阶段也会表现出该年龄特有的特征。除了遗传因素，外界环境在他们成长过程中也起着非常重要的作用。每个阶段的青少年儿童会表现出特有的心理和行为倾向。6岁左右的儿童心理和生理均迅速发展，感觉神经的敏感性增强，对世界的感知能力增强。同时语言能力也发展很快，从最初的模仿到开始根据自己的思维组织应用语言；开始主动思考问题，对世界充满好奇，经常出现"这是为什么"的语句。此时的学校教育（幼儿园）除了将学校的布置向家庭靠近，还把家庭中常出现的情境作为幼儿园的学校内容，课程会涉及切菜、收拾房屋、摆放家具、清洗分发食物等。依据埃里克森的社会性发展阶段理论，这个阶段的发展重点应该是培养儿童的主动感，并帮助他们体验思想的实现过程。他们开始尝试独立做某件事，或者说主动做某件事。此时父母或教育者鼓励他们自己尝试力所能及的事，并鼓励他们勇敢探索新环境，他们会逐渐认识自己是否有能力，有了独立自主的意识，但是如果父母不允许孩子独立尝试，打击他们的主动行为或者过分担心保护他们，就会使孩子怀疑自己的能力，并且否定自己，甚至产生内疚。同时，这个阶段的儿童开始出现生理自我意识，他们可以把自己和外界的事物或人区分开来。儿童进入幼儿园后即开始接触"社会"，有一定的社会活动和社交，家长和教育者要注重对这一阶段儿童进行智力的开发，方式以游戏为主。如果让他们尝试足球，他们也许会因为追逐"跑"得比他们快的球体，或者因为尝试了"踢"这个新奇的动作而感到快乐，至于是足球还是皮球还是弹簧球并不那么重要，对这个阶段的儿童谈不上足球教育。

6~12岁的少年儿童，开始进入小学学习，会有语文、数学、英语、体育这些分科课程，还会有劳动课、科技科、自然课、活动课等活动课程，会接触到的专业科学知识。青少年儿童面对新的自然环境和学习环境不免有些紧张，不仅需要改变心理状态，还要调整生理状态来适应，如调整生物钟、上学放学的时间等。低年级教育者和家长的关注点在独立性、注意力、多方面兴趣、主动性上，希望儿童尽快适应学校生活和学习。低年级的学生还会明显表现出注意力难以集中、难以自控等特征。一节40分钟的课堂，他们很难从头到尾集中注意力。同时，这个阶段儿童以形象思维为主，变抽象为具象思考，他们思维过程多数是对可见表象的概括，有很强的形象性和整体性特征。当计算3+4=7时，他们脑海中出现的不是抽象的数字，而是3根蜡烛加上4根蜡烛一共有7根蜡烛。这种认知水平仍然处于感知运动阶段，主要是感觉和动作的分化。这也让教育者思考：如何安排课堂内容，如何抓住学生注意力，让学生尽可能多地集中在老师所讲的内容里；什么样的比喻能帮助学生思考。自控力差往往表现在行为习惯的自由散漫，人际交往的随性，以及课堂中难以控制情绪和注意力，等等。教育者和家长要善于运用强化措施，惩罚和表扬对于这个阶段儿童行为的矫正与发扬尤为重要。他们很在乎家长和老师怎么看待自己，他们会改变自己的行为来取悦家长和老师。一年级开始有固定的体育课。体育课的目标首先是让学生们了解锻炼的好处、身体保健的常识、基本的活动能力，如跑、跳、投的基本动作，舞蹈、体操、游戏，在玩耍中发展身体、开发智力、学会团结。这个阶段球类主要是小球，如乒乓球、羽毛球等。足球的专业教学仅局限于短距离的运球、简单的传球和固定球射门，以及足球简单入门的知识，专业要求较低、趣味性较强。

小学的高年级学生已经适应了学习这一模式，这个阶段最重要的是培养他们对于学习的勤奋感，让他们清楚学习和勤奋是必然挂钩的，付出努力就会取得进步。同时强化仍然很重要，当学生因为勤奋取得小小成就时，家长和老师不要吝啬对学生的夸奖，来自长辈和老师的夸奖和鼓励会让他们自我暗示，这么做是对的，是好的。学生就会这样不断重复去取得小成就，这不仅可以增加学生的自信心、胜任感，还会促使他们养成努力勤奋的性格。相反，如果努力取得成就后没有得到家长、老师的赞许，学生会认为这么做是不被喜欢的。如果努力不够也没有得到家长、老师的及时教导，不仅不能树立勤奋感，甚至会让他们产生自卑的情绪。这种自卑感对他们以后的学业有很大害处，甚至会导致学业荒废。对于小学高年级的学生，体育课除了会继续学习基本的跑、跳、投技能，对于足球的学习更深、也更精。例如，踢球时不再是随意地触球，而是用脚面特定部位踢球。教师可加长运球的距离和难度，在终点放置标志桶，让学生运球绕标志桶折返跑；或让两个人以固定距离连续相互传球、助跑射门等。同时，教师会开始讲解足球简单的规则。此时的少年儿童对足球的理解能力也变强了。对在足球中展现较高天赋的学生，参加校外的比赛。一些学校会成立校队，在课余时间组织他们专门练习，让学生加深对技术和规则的理解。

12~18岁阶段的青少年儿童已经从小学过渡到中学，身体和心理发育到了人生第二次高峰。身体飞速生长，身高体重接近成人；骨骼肌肉、内脏功能进一步加强，大脑和神经发育趋于成熟；抽象逻辑思维取代具体形象思维；学会用语言符号进行思考。语言符号所代表的命题、公式、定律、法则等都是抽象逻辑思维的主要材料，这种思维不依赖事物的具体感知形象，这种思维可以高于或者超越我们的日常生活经验，帮助人们把握事物的内在本质。这个阶段的学生心里也开始发生巨变，自我意识萌芽，开始思考我是谁？人为什么要活着？他们开始不以家长和老师的好恶行动，独立意识更强，甚至出现叛逆行为，跟老师和家长的意见对着来，叫他们往东，他们偏偏往西。相较小学时期，现在的他们有更高的注意力，更强大的意志力，他们的学习动机动力，不再是由附属内驱力作为主导，而是以认知内驱力和自我提高内驱力为主。认知内驱力是学生主动渴望了解事物、了解知识的内涵，为了解决问题系统去学习和掌握知识的内在倾向。这股力量源自内发的好奇心与渴望，在有意义的学习里，认知内驱力是最重要、也是最稳定的动力源泉。而自我提高内驱力是指学生意识到学习会与自己的未来生活、社会地位、金钱地位相挂钩，而努力学习，提高工作能力会赢得相应的成就。这样的愿望驱使他们努力学习，这与认知内驱力为了了解知识本身而学习不同，自我提高内驱力并不将最终目的指向知识或学习内容本身，而是源自外部的动机力量。

生理心理的成熟对体育教育或者说足球教育是个好消息，骨骼肌肉的发育使他们的体能有了大幅的增加，可以支撑他们做长时间的运动。毕竟足球是一项耗费大量体能的运动，需要长途的奔袭、大力的射门。灵活的肢体也是这项运动必要的条件。同时足球运动中的大量身体对抗，要求有强壮的身体、灵活的步伐。足球运动强调手、眼、脚、脑的配合，逐渐成熟的大脑，能帮助他们更好地学习、领会足球技术与战术，增加临场的应变能力和创造能力。没有一成不变的战术，只有用灵活的头脑，更好地解读比赛，在赛场上依据情况变化采取不同的战术。同时，在足球这样的激烈运动中需要精神高度集中，以有效地刺激大脑皮层，使视觉系统、感觉系统都得到充分的刺激。肌肉骨骼在户外运动中进一步生长。团队合作能力对这个年龄阶段的青少年儿童尤为重要，较少参与集体活动不利于健康的社会性的培养。足球运动里角色、位置的变化以及合理的冲撞也会加强青少年儿童的应变及适应能力。这个阶段的青少年儿童难免有好胜心，引导不当也会阻碍他们的发展，足球中的输赢能生动告诉青少年儿童成功与失败的感受及如何处理。足球运动也是艰苦的，要取得胜利并不是一件容易的事，像其他学科一样只有付出努力才看得见回报，付出了努力就一定会有回报。培养青少年儿童勤劳的品质会让他们受用一生。心理的变化让他们重新审视这个世界，包括足球。足球对于他们的意义可能不再是玩耍的工具或选项，而可能成为精神的寄托。他们开始了解运动员背后的故事和他们一起成长。足球丰富了青少年儿童的精神世界，是枯燥学习生活的调味剂，成为他们的精神食粮，甚至成为信仰。在这个重新审视世界的过程中，他们的敏感脆弱内心容易被强大的精神力量冲击。足球作为盛行百年的世界第一运动，本身所具有的精神力量是无穷的，用合适的方法、合适的渠道，把足球的美"告诉"这个阶段的青少年儿童，他们很容易被触动，即使在过去没有过多的与足球接触的经验。情感的攻势是没有障碍、没有前提的，让他们爱上足球只欠美丽的情感表达方式。

（三）美育对兴趣的作用

前文我们讨论了体育中的美，足球中的美，把足球的美用合适的方式传达给学生的过程就是足球美育。笔者之所以认为足球可以通过美育的途径来教育，是因为人们在足球中的自由状态、游戏状态和在审美过程中需要的状态和情感是相同的，是自由的、是愉悦的最好状态。美的超功利性和超现实性也非常符合人对纯粹快乐的追求，以及对精神自由的追求。同时，笔者用大量的篇幅讨论兴趣在学习中的重要性是想提醒大家，我们进行足球美育的目的是想大幅提高学生的情境兴趣。提高学生的足球情境兴趣自然就会让学生喜欢上足球运动，自然就愿意参与其中。参与足球的人多了，足球人口多了，足球运动在我国就会有更好的发展。只有当理性与感性完美结合的时候，才是最佳的审美状态。兴趣也是如此，我们上文中讨论了情境兴趣对人的影响最初是作用于情感因素的，通过用好的方式将事物呈现在人们面前，有时甚至打破常规，原本普通的事物经过加工也会带给人耳目一新的感觉，给人良好的体验，使人对事物产生好感，并有可能激发人们今后继续追寻这样良好的体验。正如一般意义学习过程中，把传统的知识点用学生更喜欢的方式呈现，改变原本死板枯燥的感觉，让学生觉得原来知识还可以这样。有了学习知识的愉悦体验，他们自然不再抗拒学习知识，甚至会产生对知识的兴趣。因此，在学习中美育与兴趣的桥梁在于给人良好的体验。美育给学生良好的体验，良好的体验让学生产生兴趣。而兴趣对于任何一门课的学习都是第一步，是至关重要的，也是最难的，包括体育课，包括足球。美带给人的感受是至上的乐与享受，这是人类身心的基本追求，或者说是终极追求，这是人类的天性。

美育是用来帮助人们发现美、感受美和创造美的。换言之，审美教育就是情感教育，或者说是趣味教育。梁启超说过，情感是一种比理智更神圣的力量，它会引导人，会产生磁铁一样强大的吸引力，让人类无处躲闪。理智对人的引导是告诉人们这件事该做，这件事该怎么做，但是最终人们有没有去做这件事和理智不是必然挂钩的。而情感却能激发人的主观能动性，情感调动得越充分，激发的力量越巨大。情感不仅有引导作用，还能提高个体的生命价值。让人类的思想和人类的生命融为一体，情感是唯一的途径。情感作为生活的源动力，也有丑恶之分，学校里的审美教育正是将正面的对人类发展有益的情感展现给学生，发扬真、善、美，告诉学生什么是丑、恶，并用正面的情感将邪恶的情感压制住，让人得到升华。情感与趣味是相通的，趣味也像情感那样给人动力，具有强大的引导作用的学校教育也需要把正面的趣味和恶趣味区分开来，发扬正面的趣味引导学生，培养学生健康的审美能力。

足球也是感性与理性的统一，感性让足球有了血液、有了温度。在这个物化社会的价值观里，足球显得那么纯净。足球里没有身份的高低贵贱，无论你是生于达官显贵之家，还是来自贫民窟，在足球的世界里都是平等的，足球场上只讲技术、只拼意志。看台上的人们会忘了生活里琐碎的烦恼，脑子里不再考虑为生活而卑躬屈膝，想的只有胜利。只要喜欢的球队胜利了，所有的烦恼都会消失，所有的酸甜苦辣在观看比赛的过程中都能体会到，如此丰富的感官情感体验，可能也只有足球可以给予我们。同时，理性又让足球充满技术美，

战术美。球员华丽的脚法，教练的部署安排，是智慧的展现，让人折服。当我们普通人置身于足球运动里，奔跑带给我们的自由感以及追逐感是其他运动所不能比拟的，给予的，而运动员在奔跑的时候心灵与身体都是自由的。"自由感"也是人们达到审美状态的前提。人们通过审美达到自由。足球兴趣的培养，美育是一条重要途径。至于足球与美育的结合在前文中已经有所涉及。足球是自由的，正如人在审美时所拥有的自由状态。足球的美有丰富的层次，而美又是足球重要的部分，是足球强大生命力之所在。美育可以把足球的美更淋漓尽致地展现出来，用合适的方式把足球知识技能传递给学生，在传递的过程中想方设法让学生感到愉悦，让学生觉得足球是个有趣的东西，让一部分学生不再排斥足球，让一部分学生尝试接触足球，让一部分学生离不开足球。

（四）视听之于兴趣

视听知觉对于兴趣的作用，美国心理学家赫伯是这样解释的：知觉不全是人类学习的成果，其中不需要后天学习就能拥有的是有关图形背景的知觉。也就是说，人们不需要学习就能很轻易地从背景里区分出图形。在著名教育学家、心理学家布鲁纳的实验中也充分显示：几周大的婴儿就具有很强大的知觉能力。通过跟踪观察他发现，婴儿在用手抓取玩具的过程中，手指张开的幅度和玩具的大小形状非常吻合。在没有学习的情况下，婴儿会凭借视觉去判断外界事物大小形状，包括物体距离自己的远近程度等，并据此来改变身体形态去适应它们。同时，实验还表明婴儿对于自身视觉看到的物体会产生生理上的期待，如张开手去触碰等。对视觉过程的神经心理学研究显示，在光学图像到达视网膜的过程中，第一层是光感受器和1亿个以上的视杆细胞和视锥细胞，即视网膜的神经节皮层包含形成视觉神经的细胞和通路。一旦视觉细胞到达视神经交叉，信息就会交叉，通过数百万轴突传输到丘脑。丘脑再根据视觉输入的特定区域（视网膜的中央凹进区或是神经末梢区域）组织这些信息。最后，一些视觉信息转入顶叶、枕叶或额叶。一般而言，顶叶加工空间图形；枕叶加工颜色、运动、对比、形式和其他关键的视觉因素；额叶既加工注意信息，也控制个体注视艺术品的时间长短。简而言之，视觉艺术创作和观看的行为是大脑整体的经验。所以，正如神经心理学家奈克所做视觉幻想实验表明的那样，人类的看，是一个积极的、意义产生的过程。科学的不断发展让人们越来越多地依赖理性，但却忽略了我们的视觉、听觉、触觉等感官本身具有的感性力量。

（五）青少年审美特征对于兴趣

足球美育属于美育，自然要遵循美育的一般教学原则。首先我们就要了解美育对象的审美特征。孩子审美是身与灵的结合，由身心共同体验，在某种程度上，孩子获得审美体验较成年人更加容易。成年人在看待事物时不免有更多的主观臆想和判断，在潜意识里很难达到审美观照所需要的状态，孩子的情感体验是先理性而存在的。由于年纪和经验的限制，孩子与成年人的审美世界是有较大差异的。构建孩子审美意识和能力，对孩子今后身心的发展有重要的意义。朱志荣曾说过："个体的耳目等感受能力的天赋不同，气质类型不同，各自身心发育得早迟，童年时代感悟潜力的开掘和经历素养的差异，以及后天对环境的适应能力和主观努力的程度不同等，都会造成审美意识的差异。"因此，每个个体都会表现出个性特征，同时这也是可塑造的，可通过积极的影响进行审美意识塑造。

孩子的审美能力一部分源自遗传，一部分源自后天，最初的审美能力来自遗传获得的感知能力。这部分感知能力受外界影响较小，不用刻意学习，并且会随年纪的增加而变得敏感强烈。后天环境对孩子的审美意识以及能力的培养也至关重要，如家长的教育方式，家庭的情感氛围，家庭关系是否和谐，等等。生活在有爱和谐的家庭里，孩子内心自然是充满爱的，他们会用爱的眼光去感受世界，审美世界。后天的教育对孩子的审美能力也有很大影响，用正确科学的美育方式方法教育孩子，会带给孩子健康的审美观、世界观以及人生观。

当孩子长到已经可以把情绪较为精确的分化为欣喜、愤怒、悲哀、恐惧时，他们已经具备审美所必需的感性条件——情感是审美活动发生发展的基础。这些情绪都会带来相应的内心体验和外部表现。比如他们会用哭泣表示自己的伤心，用微笑和手舞足蹈表示自己喜悦，用噘嘴皱眉表达自己的愤怒不满。表达的形式方式除了出于天生也受后天环境和教育的影响。这些情绪通过眼睛、舌头、鼻子、耳朵、皮肤等感觉器官感受，经过大脑处理，通过感觉、知觉、注意、记忆、思维以及想象等心理过程来获得。眼睛感受光线，舌头尝到滋味，鼻子闻到气味，耳朵听到声音，皮肤感受形状和温度。孩子们很善于用这些器官来获得对周围事物的基本认知，这是体验的过程，是纯感性的过程。闻完花香，孩子会喜悦地告诉人们："这花真香，真美丽。"这是一个简单的审美过程，是由感官引发心理愉悦，达到感知美的过程。感觉，从科学意义上来说，是外界客观事物直接作用于感觉器官，并在大脑中反映出该事物某一种属性的过程。只能反映某一种属性，感觉这种简单的心理学现象，是人们对外面世界认识的起点，是所有认知、知识、经验的前提，是所有心理活动的必备前提。根据感觉信息的来源不同可以把感觉分为内部感觉和外部感觉。内部感觉是感觉器官接受的来自身体内部的感觉，如感受到胃疼，有排泄的冲动，感受关节运动肌肉收缩，等等。外部感觉是外界事物对感受器刺激后产生的感觉冲动，如我们可以感觉到球是圆的，花是红的，环境是嘈杂的，等等。

对一个事物的感觉往往由一种感觉触发另一种感觉。花的颜色不仅多种多样，还看上去十分温暖。由视觉触发的感觉，这叫"联觉"。仅仅有感觉是不能完整反映物体的属性和特性的，反映事物完整属性的叫知觉。知觉在感觉的基础上产生，是各个感觉器官合作的结果。受生活经验和已有知识的影响，对不同的需求期望会有不同的理解。对同一个物体来说，不同的人也许会有相同的感觉，而很难有相同的知觉。这是知觉最重要的属性之一——理解性，属于感性认识阶段的理解。注意，具有强烈的主观选择性，是获得知识、掌握技能的重要心理前提，它和情感过程、认知过程以及意志过程都密切相关。虽然注意分为无意注意、有意注意及有意后注意，但在审美过程中有意注意是占据主导地位的，教育者在教育过程中需要吸引的主要也是有意注意。有意注意是有目的的，需要意志的努力，受环境影响很大。它充分体现了在认知过程中的主动性和积极性。但是有意注意只能持续较短的时间，因此如何把握有意注意，提高注意的稳定性对审美教育至关重要。

记忆是过去的经历在脑海中保存并重现的过程。曾经做过的事、思考过的问题、看过的美景、有过的情绪、学过的知识，都会以某种形式储存在大脑里，在今后某个特定的环境中，被提取，这个过程就是记忆。记忆可以分为瞬时的、短时的、长时的或说永久的记忆。"瞬时记忆"，主要由感觉记忆和听觉记忆组成，这种记忆很容易遗忘。"长时记忆"是经过有意义的编码加工可以长时间保存不被遗忘。在学习中，人们总是希望能够更好地利用记忆，而记忆又很容易消退，因此人们探索了很多记忆方法。因为记忆是有意义学习中非常重要的部分，人们通过不断强化、不断重复来保持记忆的新鲜度，还试图调动所有的感官来帮助记忆。在美育中，记忆也有相当重要的地位，人们会主动记忆自己感受过的美，记住美好的事物，美好的回忆。人脑最高级的部分是大脑，大脑是我们思考的部位。随着年龄的增加大脑会越来越发达，到24岁左右到达成熟的阶段，思维越来越成熟，看待问题、解决问题的能力越来越强，经历了从只会掰着手指头思考，手指头不动大脑就不会动的直观动作思维，到"看图说话"的具体形象思维，再到抽象独立看待事物，不断探索事物本质的抽象逻辑思维的过程。

不同的思维能力对应不同年龄阶段的审美思维特征。对于处于直观动作思维层面的孩子来说，他们还没有"美"的概念，他们对美是不自觉的。但是他们仍然存在对美的感受，他们仍然会去追寻美好的体验。尽管这一切都还没有被他们当作审美活动。对于在具体形象思维层面活动的孩子来说，他们开始知道"美"这个词，知道这是个褒义词，是个好东西，可是仍然不明白美的深刻含义，也还是不自觉对美的追寻。这个阶段的孩子开始主动或被动开始"审美活动"。他们有的开始接触艺术（较表象的审美客体）——他们善于创作，但不精于欣赏，在他们对于美的价值判断里，美的东西可能是因为它是粉色的，或者它形状很大，一部分孩子称有这些特征的事物为美，即使在绝大多数成年人眼中完全不美。可是审美活动从来都是因人而异，都是极主观的，这些孩子认为美那就是美，这种"认为"是建立在他们现有的思维和经验积累上所得出的。而到了用抽象的逻辑思维去思考世界的时候，人们已经有自己的价值观、人生观，有自己看世界的角度，会用哲学的思维去思考，什么是"美"，也会去思考如何得到"美"。这时的美不再只决定于颜色、外观、气味等单纯的概念，这时的美会有更多的主观经验色彩和背景，但审美活动仍然是极主观的，他们认为美那就是美。只是对于教育者而言，这个阶段的审美教育会变得更加深层次，要做的不是告诉孩子们什么是美，而是帮助他们掌握寻找美的方法，创造美的途径。感觉、知觉、注意、记忆和思维，这是一般认知的基本过程，当然包括审美教育，所以要实施审美教育也必然要从这五个方面考虑。深刻的审美教育总能触动人心、触动大脑。

（六）神经美学与兴趣

从2006年开始，神经美学这个概念开始进入人们的视野。神经美学专门研究在进行审美活动时人类大脑神经活动的机制以及相应心理活动的规律。一切生命活动都源自大脑。在上文中，主体通过视觉和听觉感受器将外界客观信息或物体转化为自身的某种信息，这主要依靠脑后顶叶以及扣带回后部、前运动皮层。同时，视觉、听觉所产生的具体的感觉和情愫是建立在丘脑、杏仁核、眶额皮层上的。神经学家塞拉·孔德在他的实验中发现，当主体有美感体验产生时，主体大脑右半球背侧前叶被激活，同时左侧腹内侧前额叶正中区有显著的抑制活动。这表明，主体产生美感共鸣时，均体现为前额叶两大亚区进行正负协调的高峰脑电活动。审美体验是一种高级形态的主观意识体验，美感的产生过程会牵涉复杂的神经活动。

根据泽基教授的研究，美感经验、浪漫之爱、母爱体验，都会引发主体大脑多个脑区和皮下结构出现高频低幅的同步化脑电反应。两岁之后的孩子就开始有比较复杂的社会性的情绪表现，有了更多的主观色彩。在有了一定的生活经验的累积和接受了来自外界或多或少的教育后，这时通过感官对事物的感受会因个体不同而产生很大的差异。他们对审美客体的反应不再出于本能，而增加了"生活阅历"和"教育影响"。年龄越大的孩子其感性和理性审美体验越会受到外界的影响。美育相比其他教育是最不具有强迫性的，当心灵沉浸在对美的欣赏中时，心灵获得了最大程度的自由。在席勒看来审美是一场游戏，但区别于日常生活中的游戏和物质的游戏，审美游戏是从想象和联想的大脑活动中产生，是心灵的自由创造活动。席勒说："只有当人是完全意义上的人，他才游戏，只有当人在游戏时，他才是完整的人。"当人摆脱功利，摆脱感性和理性的束缚，他才能达到真正意义上的审美状态。孩子的审美更依赖感性的体验，有明显的偏向性。他们的审美经验会让他们在主观上对客观物体有初步的审美判断，这种判断主要来自生活经验。这也就意味着，生活经验越丰富的孩子，在进行审美活动时调动的感性情绪越多，审美体验也会越丰富。

第三节　中小学校园足球审美文化建构途径

　　校园足球美育的实施途径是丰富的，也是充满创意的。在现有教学条件的限制下，大致分为室内方式与室外方式两种。室内方式主要包括纸质书本教材、多媒体视频资料与教材、教师文字讲述等。室外方式主要包括户外有球学习与练习、足球俱乐部与赛场的实地参观考察、足球博物馆参观等。也可将这些方式融合运用于校园足球审美教育中。但基于现实的考虑，全国各省、市、县（区）拥有的足球实地资源不平衡，大城市及主要城市拥有较多教师资源。教师的足球素养和水平参差不齐，导致许多方式不易实现，或实现效果不理想。

一、基于视听的多媒体与足球兴趣

　　《中小学校园足球教材》是传统纸质教材与现代多媒体科技手段的完美融合。多媒体作为现代教学手段，被广泛地运用到各个学科的教学实践中，但体育课中运用得还相对较少。常用的多媒体教学形式主要是指以电脑为承载工具，把图片、文字、声音、影像组合编排成与知识相关的课件，帮助学生和教师更好地导入知识、讲解知识、拓展知识的教学方式方法。多媒体教学内容的编排，文字图片和影像的占比会根据学科性质特点、知识内容特色及不同年龄阶段学生的特点有所不同，目的是为了更好地吸引学生的注意力，提高其对本学科的兴趣，并可以用最直观的方式让学生接受并掌握知识，寓教于乐。

　　用多媒体教学的优势较为明显，可以使教学内容更加丰富多彩，使教学内容的形象更生动活泼，通过动态的画面，声音给学生不断地造成视觉、听觉上的刺激，使学生把注意力更好地集中到课堂上来。另外学生对新奇的事物会有较高的兴趣，多媒体教学可以把学生对动态视频的兴趣转化到对学科本身以及

知识本身上，同时多感官的调动也使得学生对知识有更深刻的印象，同时更容易记住知识。多媒体教学改变传统的教学形式。传统教学形式是教师靠嘴讲解知识，所有的表达都靠语言，在漫长的45分钟课堂里不仅显得枯燥无味，还很容易使学生引起注意力疲劳。除了语言就是教师在黑板上书写重难点，这等于把书本上的文字又转移到了黑板上，生硬死板。这种上课方式教师与学生的交流很少，灌输的成分很大，教师和学生都极易产生疲劳，不利于知识的传授和学习。多媒体教学中运用最多的要数动态视频，动态的东西比静态东西更容易吸引注意力。

在课堂中，多媒体通过影像画面将课堂营造成活泼有趣的情境，将书本上死板的用文字描述的知识转变为活跃在屏幕上，有声有色的形象知识，大大提高学生的情境兴趣。视觉听觉作为感官中最重要的接收器对于兴趣发生发展有巨大影响，前文也已经有了较详细的叙述。在现实的教育教学活动中，将这两者结合运用最广泛的就是多媒体教学器具。多媒体是提高兴趣的手段，也可以成为美育的手段，是足球美育的直接有效途径。如何利用多媒体怎么来提高学生的足球兴趣，多媒体教学内容如何编排是最科学的，这是教材设计者和教学实践者应该思考的问题。多媒体将语言、文字、声音、图像融合起来，当优美的、触动人心的文字被配上激动人心的画面时，其对人的作用力和影响力是巨大的。

在国内足球领域，把触动心灵的文字和最激情的画面配合得最好的多媒体形式是中央电视台体育频道的《天下足球》栏目。文字的优美程度与画面配合得天衣无缝的背景音乐，瞬间点燃人们的足球热情。2014年6月9号的节目《〈新王加冕〉2010年世界杯纪录片》是这样开场的：因预测对了德国队本次世界杯的全部比赛而爆红的章鱼保罗在决赛开始前又进行预判，他选择的是西班牙。画面中，初升的太阳伴随激昂的音乐响起，并不断闪现南非约翰内斯堡足球场、城市、欢呼的足球运动员以及荒野中踢球的孩子的片段。解说这样介绍："2010年7月11日全世界的目光都聚焦约翰内斯堡足球场，本届世界杯的终极悬念即将揭晓，无论胜负，有一个结局已经注定，继乌拉圭、巴西、英国、意大利、德国、阿根廷、法国之后，世界杯金杯上将刻上一个新的王者的名字。这场万众瞩目的决赛将见证新王的诞生。"前奏激昂的音乐仿佛一场精彩的戏剧即将开演，闪动切换的镜头让人们瞬间振作起了精神，30多天的苦战，4年一次的悬念就在今晚揭晓。"见证新王诞生"这句文案配备的是一张张怒吼的脸庞，就像狮群争夺丛林之王。一切情绪准备就绪观众仿佛都在呐喊：让比赛开始吧，让血脉偾张吧！这是西班牙与荷兰的决赛，两个队此前都没夺得过世界杯冠军。荷兰前两次打进决赛都没能举起金杯，全荷兰都在为他们祈祷。西班牙在两年前问鼎欧洲杯，成为欧罗巴联赛新贵，头号球星比利亚风头正劲，5颗进球。他是本届世界金靴奖的有力竞争者。荷兰的斯内德、罗本也都处于巅峰状态。这一场势均力敌的较量已经被画面、音乐和文字渲染成一场饕餮盛宴。短短一两分钟的视频已经让人们到达期待最高点，人们对结局和过程都满怀期待。即使是一个从来不了解足球的人，看到这样的视频都会被深深感染到，无比期待接下来会发生什么。终于，镜头来到了座无虚席的球场。镜头中出现的第一个人是90多岁高龄的南非民族英雄曼德拉，此时的足球被赋予更多的文化内涵，南非告诉世界，这是我们的国家，我们的足球。世界杯作为最受欢迎的比赛，像很多欧洲贵族一样保留着看似烦琐但又格调很高的仪式，作为上届冠军意大利队的队长卡纳瓦罗捧着用皮箱包装好的大力神杯缓缓走入球场，谁能在大力神杯上刻上自己国家队的名字？他把它高高举起，90分钟后悬念才揭晓。比赛正式开始，编辑再一次用剪辑手段让矛盾凸显，球员们因为迫切想要胜利，防守与进攻动作都很大。飞踹、推搡、踩踏等粗野激烈的动作都出现了，双方球员"你来我往"互不相让，火药味充斥赛场。这样激烈画面的背景音乐也变得尖锐，让观众竖起汗毛，紧张起来。接下来到底会发生什么？天才的语言艺术家把一次次进攻描写成了战士冒死的出击，一次次防守成了血肉筑起的不倒长城。进球后的奔跑狂欢对比着一张张绝望的脸庞，激昂的音乐对比着哀伤的曲调，让看的人仿佛经历人生的大起大落，喜怒哀伤在这短短的几分钟内都体会了。

这是视频的魅力，这是视听的力量。对任何一个个体来说，这类视频的影响都是巨大的，无论是球迷还是初级的足球关注者又或是足球路人。视频的力量就是可以把你完全拉入足球的世界，热血的氛围让你不由自主地开始喜欢这项运动。

二、多视听元素

传统足球教学通常是这样开始一节课的：师生问好，教师讲解本节课的主要内容，组织学生做准备活动。接着教师开始讲解本节课需要学习的足球技术动作。以脚内侧踢球为例。教师做几个正面、侧面的示范，讲解正确的触球部位，脚触球瞬间的动作，如需要大腿外展，脚尖勾起，脚内侧形成有力脚面，接着让学生开始尝试踢固定球练习。所有学生像上了发条一样开始挥动大腿，跟着教师的口令"一二一，挥动、收回、挥动、收回……"。每个学生都做着同样的动作，至于为什么要这么做，想必学生也不是很明白，只是机械地重复教师的要求。这是一种完全被动的学习，这是学习最忌讳的方式。教育者所要做的是启发被教育者，让被教育者积极主动地去学习，而不是一味地灌输，一味地把知识告诉被教育者。孔子说："不愤不启，不悱不发。"不启发的教育不算教育，教育者要交给学生的是获取并掌握知识的方法，而不是知识本身，要培养学生获取知识的技能，培养学生终身学习的能力。知识是无限的，是怎么教也教不完的，而获取知识的能力才是至关重要并是伴随人一生的。

足球教育中，仅仅让学生学会几个技能是没用的，而是应该先让他们知道为什么要接触足球，足球到底能给你带来什么乐趣，以及为了实现这个乐趣或得到乐趣最大化，需要掌握哪几个基本技能。当学生主体有了需要学习的需求，他们就会主动学习，他们会思考怎么样才能更好掌握，甚至会有创新。把一个技术单独拿出来让学生学习不仅枯燥，而且没有意义，即使目前学生学会了这个动作，但这个动作出现在生活中的概率几乎为零，那很快就会遗忘，和没有学习过这个动作没有什么区别。而在激发了学生的主观需要后，学生不仅能主动学习，还能很快掌握，并且能运用到实际生活里，长久保存。这是有意义的学习，是积极的学习。

1. 文娱节目

激发足球学习需要，是从激发足球兴趣开始的，除了可以利用视频多媒体，作为足球辅助教学的工具，教师还可以利用很多现有的社会资源。以足球为主题的娱乐节目越来越多，如《中国足球梦》以明星家庭的小孩为主体，让他们接触足球，和有名的教练学习足球。节目记录了几个可爱的年龄在六七岁左右的孩子在和足球的接触中发生的爆笑片段。这个节目不仅适合给年纪较小的孩子作为足球启蒙教材，也适合家长观看，扭转他们对足球的固有观念，让他们乐意把孩子送去接触足球、学习足球。综艺节目的优势在于内容精彩吸引人，话题不断，贴近生活，明星效应强烈。明星有较强的引领和煽动作用，他们的言语和喜好对普通人影响很大。综艺节目的播放平台也很有优势，除了传统的电视台还可在视频门户网站播放，受众人群巨大，不受时间和地域的限制，会产生较好的传播效应。运动类的综艺近年来大受欢迎，这和我国政治经济大背景分不开。体育作为服务业中的新兴力量在人们生活中扮演越来越重要的角色，很多人在闲暇时间会选择体育运动来丰富生活，因此人们越来越关注体育运动类的电视综艺节目。同是，还出现了有意思的现象，综艺节目中播放的运动项目，在现实生活中都会出现"爆红"。看来电视网络综艺的力量不可小觑，而选取合适的内容片段作为视频类学习材料，则是现代教育者须具备的技能。

2. 动漫动画

除了综艺节目，还有学龄期孩子喜闻乐见的视频形式——动漫。动漫往往是学生课余生活中的主角，是陪伴学生成长的重要角色。一部优秀的动漫通常会成为一代人的回忆，在学生成长路上扮演非常重要的角色，尤其在兴趣爱好的培养中会有很大影响力，在学生幼小的心灵上埋下种子，日后会生根发芽、长成参天大树。足球类的动漫，世界各地有35种之多，对于中国小孩来说，比较经典的有日本动漫《足球小子》。其中，主人公和足球的生活，亲切动人。这部漫画也是很多孩子喜欢上足球的理由。一部好的漫画除了开发智力，丰富兴趣，更有启蒙教育的作用。虽然国内动漫制作的水平低于国外，但近年来良好的势头有所显现，相信制作出一部优秀的有我国特色的足球动漫指日可待。

3. 现场观赛

专栏、综艺、动漫都是通过屏幕来诉说足球的，这对长期被"困"在校园里的学生来说是获得外界知识的主要途径，但间接经验的影响始终会低于直接经验。对运动最直观的视觉听觉感受只有亲临现场观看比赛。置身几万人的足球场，震撼的氛围扑面而来，万人合唱、万人呐喊，对立球迷间的较量，这些都会给学生的心灵带来前所未有的震撼。紧张的情绪在人群中蔓延，得到机会后的强烈期待，丢球后的懊悔遗憾，所有的情绪都可以被真实地感受到，一切都触手可及。电视里的足球明星就在学生眼前的足球球场上跑动、挥洒汗水，每一次精彩的射门、助攻、防守都被尽收眼底。这样的视听刺激是不可被替代的。近年来，我国职业足球的上座率越来越高，在世界上都排名靠前，球场赛场的环境也达到国际一流水平，职业足球的氛围很好。赛场上有越来越多的国际球星和教练，即使不出国门都能欣赏到高水平的比赛……在真正学习足球之前，如果能让学生先感受到足球的现场氛围，那在日后的足球教学中会起到积极的作用。

4. 足球游戏

在西方的文字语言体系里，常用Game，Play，Sport，等用形容游戏玩耍的词汇代表体育或者运动。众多的哲学家从游戏里剖析人性，感悟生活。游戏成为重要的思维方式被广泛应用。游戏是体育教育的重要手段，是足球教育的重要手段，也是美育的重要手段。席勒说过游戏中的人才是真正意义上自由的、审美的人。足球在某种程度上说是一种游戏，无论从哪个角度看，相比其他运动，足球更能表现出所蕴含的生生不息的自由意志。足球运动场地大，时间长，技术简练，这一切都有利于球员更为主动自由地进行比赛，也更符合观众的审美需求和审美倾向。在进行足球运动时，奔跑中所拥有的愉悦感和游戏里获得的欢愉是共通的。同时，游戏中充满了愉悦的视听元素，能充分调动大脑神经。愉悦感增加，兴趣也随之增加。因此，当足球与游戏结合时，是有利于审美的，是有利于足球教育的。这一点在专家访谈过程中通过询问，也得到相关领域专家的印证。足球与游戏结合的实现通常表现在，课堂中穿插结合球的游戏，如竞速的，对抗的，个人的，团体的，将足球的基本技术战术融入游戏中让学生体会与练习效果会强于枯燥的讲解示范。

5. 足球周边因素

进一步挖掘足球的魅力，可以发现足球是一项富有礼仪和形式感的运动。赛前有新闻发布会，上场前有更衣室会议，比赛前奏双方国歌，用抛硬币的形式决定进攻方向和开球顺序，两队依次握手，互赠队旗，比赛过后球员间互赠球衣，等等，都是赛场上的礼仪。在教学过程中，可尝试让青少年从礼仪学起，礼仪所呈现的庄重感、神圣感让脚下的足球多了神秘的色彩，也更有趣味了。另外，职业足球的训练是一个异常艰苦的过程，这也恰恰是磨炼当代青少年意志品质的好机会。在日常足球教学中教师适当增加"挫折训练"，可让学生明白取得成功是不容易的，足球的美并不是轻而易举得来的。

整合足球的视频多媒体资源与现场资源是足球教学起步的重要环节。教学研究者和组织者，对于资源的选取安排应有科学的依据，用最有效的视听工具制作最科学的足球审美教材，去实现最有效的足球审美教育、最大化的兴趣吸引。当然足球的审美教育也不仅仅靠一些视听资源就能解决，美育一定是一个全面长期的教育。目前我国的体育教材仍然仅仅局限在书本资源上，虽然体育书本中有越来越多的图画，但运动始终是动态的，图片只能稍形象地表示动作片段，不能起到情感上的共鸣作用。而且让教师上课照课本讲解，又和其他学科有什么区别呢。校园足球政策实施后，教育者设计编排了一本足球专用教材，在每个小技术动作或章节后面增加了一个二维码，用移动设备扫描之后会出现关于这个技术动作的视频教程。虽然这仍然逃不出书本的禁锢，但相比以前已经有了很大的进步。教育者也注意到动态视频对于足球学习或体育学习有着至关重要的作用，虽然视频内容也仅仅是技战术的教学。教育者意识到，科技发达的今天，有很多方式可以达成以前不切实际的想法，只是如何运用到教育教学实践中是现在需要思考的问题。在教学实践中，当要开始一个运动模块的学习时，第一节课应该对学生进行该项目的审美教育，兴趣永远是学习的第一步。学生的探索欲望被触发后，接下来只要告诉他们最简单的运动原理，他们就会主动学习，而不是让他们机械地跟着教师口令不断重复动作。足球的学习应该是快乐的，就像足球的本质一样是快乐的游戏，是自由灵魂的伴侣。让足球在我们国家发展得更好不是没有可能，而是要经过耐心漫长的等待，脚踏实地、一步一个脚印地去实现，从孩子抓起，从审美教育入手，经过几代人的努力就一定会有成效。

人民教育出版社在2015年3月底编写完成了《中小学校园足球教材》，覆盖小学到高中的校园足球课程。这本教材的特色在于除了有传统的文字与图画，还采用先进的3D图像技术，通过拍摄真人动作画面，一帧一帧的分解，将技术动作告知学生，不仅能更清晰生动地描绘足球，还能在人物选取上选择与学生年龄相仿的对象，缩小距离感，增加亲切感。同时还在书本中引入二维码，用手机、Pad等移动客户端扫一扫二维码，就有更多的图片、视频详解等着学生们。这是方式上的创新，这是校园足球与技术更好结合的典范，这也让校园足球美育有了更好的发展途径。此教材也将校园足球从课堂引申到课外，只要有移动设备，就能自己观看学习，让爱好足球的学生有了更多的学习资源，能更便捷地获取足球知识。让足球有更多的机会成为学生课后的乐趣，甚至成为他们生活中的一部分。

第五章

打造中小学校园足球品牌文化

2014年，国务院《关于加快发展体育产业促进体育消费的若干意见》提出："要实施品牌战略，要加强对体育赛事和活动名称、标志等无形资产的开发，要加强体育品牌建设。"2016年，国务院办公厅《关于发挥品牌引领作用推动供需结构升级的意见》提出"品牌是企业乃至国家竞争力的综合体现""发挥品牌引领作用是深入贯彻落实创新、协调、绿色、开放、共享发展理念的必然要求。"由上可知，体育产业的品牌建设以及品牌价值的开发得到了国家的重视。体育产业包含足球产业，而足球又包含校园足球。因此，校园足球品牌价值的开发与挖掘不仅顺应了校园足球发展的规律，顺应了国家政策的要求，而且也顺应了我国社会主义市场经济发展的时代要求。品牌，是文化的重要表现。打造中小学校园足球品牌文化，是建构中小学足球文化的重要一环。

第一节　校园足球品牌价值文化概述

一、校园足球品牌的概念界定

校园足球其一被认为是学校内所开展的足球活动，学生是该活动的主体。其二被认为是培养学生的体育精神，能塑造学生的人格品质、促进学生的身心健康与全面发展。侯学华等人认为校园足球的目标是增进学生身心健康以及培养学生德、智、体、美全面发展。其三被认为其出发点是提高学生的体质。校园足球是在我国青少年学生体质状况普遍连续下降的背景下和国家倡导"阳光体育运动"的背景下提出的，最初就是为了解决青少年体质下降的问题。其四被认为是教育活动，属学校体育教育活动的范畴。校园足球是以教授足球知识、足球技能为基本手段，以校内学生参与为主体，以培养学生的拼搏进取、团结协作等体育精神以及促进学生心身健康与全面发展为出发点，以提高学生体质为目的而开展的学校体育教育活动。

品牌包含品牌名称、品牌标记及品牌符号等，或是它们的不同组合，用以区分识别竞争对手的产品和劳务。品牌具有满足顾客理性和情感需要的价值。品牌将企业的文化、形象等因素传递到市场，使企业与市场上的消费者建立一种稳定而长久的合作关系。品牌是一种重要的无形资产。

校园足球品牌包含校园足球与品牌，即可从校园足球与品牌两个方面对校园足球品牌的概念进行界定。根据以上对品牌内涵的阐述，品牌从最初的一种名称、标志等一系列外在表现形式的符号，逐渐发展为蕴含文化价值和情感价值等内在价值。随着时代的不断发展，其内涵和外延不断扩大。它象征着消费者与企业之间的一种关系，是一种可交换的无形资产。校园足球是校内所进行的足球活动，文化与教育价值是校园足球的本质，校园足球具有塑造学生的人格品质、促进学生的身心全面发展作用。校园足球是一项体育活动，蕴含体育精神。

通过以上的分析得出，校园足球品牌不仅仅是一系列能区分识别其他足球活动的符号，具有能够满足需求者教育需要的价值，更是一种和需求者之间能够建立稳固关系的载体以及无形资产。

二、校园足球品牌的价值

（一）校园足球具有教育价值

首先，《中国足球改革发展总体方案》明确指出发挥足球育人功能，是适应社会规则和道德规范的有效途径。《关于加快发展青少年校园足球的实施意见》指出学校要以立德树人为根本任务，充分发挥足球育人功能。在上述两项政策中都明确地把校园足球的发展目标确定为育人功能，由此说明校园足球本身是包含教育功能的，是具有教育价值的。其次，国际足联主席布拉特对我国的校园足球活动进行了高度概括："足球作为集体项目在学校开展，是一种教育方式。"教育是使个体社会化的过程，其具有内在与外在的价值，内在的是其本身价值，外在的价值是指某事物可以成为人们达到某种目的的手段。校园足球活动属于教育活动，是教育的载体。校园足球活动中的教育主体主要是校内的学生，是为了满足学生身心健康的需要，使学生产生快乐的需要得到一定的满足。校园足球内在的价值是指它本身的教育价值。校园足球本身所具有的足球技能与足球战术的知识，通过教师课堂教授，能转化成学生的一门技能。校园足球能够提高学生的足球技术与足球战术水平、能够提高学生对足球赛事的审美价值以及增加学生科学化的锻炼方法。体育源于游戏，足球源于古代蹴鞠，目的是为了满足人们的娱乐需求，其本身也是一种游戏。体育包含足球运动，而足球运动又包括校园足球。由此，校园足球具有游戏与娱乐性，这正是校园足球内在教育价值的体现。最后，校园足球赛事中融合各种游戏规则、赛事礼仪、赛事文明、赛事纪律等。通过让学生参与校园足球赛事，有利于提高学生的道德品质、有利于培养学生的意志品格、有利于提升学生坚强勇敢与团结协作的运动精神，这正是校园足球所包含的外在教育价值。

（二）校园足球具有经济价值

足球被誉为世界第一运动，在世界各地形成巨大的足球市场，给各国经济带来巨大贡献。我国现阶段是以社会主义市场经济为主导时期，中国足球已上升为国家战略，体育产业包含足球产业，而足球又包含校园足球。因此，校园足球蕴含重要的经济价值。对于校园足球经济价值的开发与管理，是符合我国现阶段社会主义市场经济发展规律的。足球联赛包括直接的和间接的经济价值。直接的经济价值包括门票的收入、广告收入、商业赞助收入、电视转播费、球员转会费等；间接的经济价值是它将拉动相关产业的发展。足球联赛包括校园足球联赛，可见，校园足球联赛也具有经济价值。随着校园足球活动的普及，校园足球品牌的知名度与社会的认可度将会得到不断的提高，校园足球活动的品牌形象将会在人们的脑海中渐渐深入。企业通过对校园足球联赛的广告投入以及商业赞助，不仅会提高该企业的社会知名度、企业形象，而且能充分发挥校园足球的经济价值，使校园足球本身的LOGO、名称、口号等要素构成的品牌经济价值不断显现。"校园足球"的联赛具有商业性的特点，通过举办校园足球的各级联赛，可以带动周围的餐饮业、酒店业等相关服务业的发展。校园足球活动的开展需要物质基础的支撑，需要进行大量的消费（足球、球衣、球帽、球鞋等）。由于消费对生产具有重要的作用，即校园足球活动的消费将促进社会生产的发展，这正体现了校园足球的经济价值。

（三）校园足球具有品牌价值

1. 校园足球凝结了人类劳动，具备品牌价值形成的条件

劳动价值论认为价值是由抽象劳动所创造的，它主要是一种凝结在商品中的无差别的人类劳动。换言之，价值的源泉来自抽象劳动，即价值源于劳动。抽象劳动是指人类劳动力的耗费，主要指人类生理学意义上的耗费。从2009年到目前为止，校园足球已经进入第二个阶段的发展，在发展过程中负责主管校园足球日常工作的权利中心发生了转移，由国家体育部门转移到国家教育部门、由单一的部门转化为由多部门共同协作管理。为了校园足球的可持续发展国家制定了一系列相关政策文件和规章制度，建立和完善校园足球小学、初中、高中、大学的四级联赛，组织举办了夏（冬）令营、冠军杯、省长杯、市长杯、四级联赛等方面的相关工作。为了保护校园足球的品牌价值，全国校足

办对校园足球的LOGO、口号、主题曲以及吉祥物等进行了一系列的征集开发。校园足球活动能够从无到有，从小规模逐渐发展壮大，都是与人类付出的劳动密切相关的，为了校园足球的发展需要耗费人力、物力、财力等。因此，校园足球凝结了人类劳动，蕴含品牌价值。

2. 校园足球具有的效用能够满足主体的需要

效用价值理论是关于探讨价值问题的主要理论之一，效用价值理论最核心的理念是"价值取决于效用"或"价值源于效用"。该理论认为效用是指物品能够满足消费者各种需要的能力，或者是指消费者从商品与服务的消费过程中所能够感受到的满足感。效用是决定物品价值的最后力量，当物品能够满足效用，其就有价值；否则就没有价值。

校园足球活动能够满足主体的需要。主体需要是校园足球品牌价值形成的基础。从哲学层面来说，"主体"是具有思维能力，能认识和改造世界的人。很显然，这里所说的主体是人，而不是任何物体。而对于本书中所要论述的主体，是基于广义上的"人"，它主要包括个人、群体、社会组织、法人、国家等。

首先，从国家主体需要来说。校园足球能够满足国家推动我国足球发展的需要。由于我国足球运动是从基础差、起点低和阻力大的局面之下逐渐发展起来的，在这个发展过程中出现了各种问题，如发展理念滞后、假球、黑哨、足球基础薄弱、人才短缺等。而校园足球是学校内的教育活动，能够对足球发展过程中的不良问题起到一定解决的作用，能够促进国家早日实现"我国能够举办世界杯比赛、我国能够获得世界杯冠军"的中国足球梦。

其次，从学校主体需要来说。其一，学校是校园足球政策的"执行者"，校园足球能够满足国家政策落实到实际的需要，其二，具有满足宣传学校形象的作用。校园足球已上升为国家战略的一部分，得到了国家及社会的高度重视。以校园足球活动作为媒介，不仅能够对外宣传学校的形象，而且还能够不断提升学校在社会上的知名度。

最后，从学生主体需要来说。其一，校园足球是学校内进行的教育活动，以学生参与为主。因此，校园足球主要是满足学生主体的需要。学生具有学习科学文化知识的需要，校园足球本身所具有的足球技能与足球战术知识，通过教师课堂教授，能够转化成学生的一门技能，可以提高学生的足球技术与战术水平，提高学生对足球赛事的审美价值，并能够使学生树立更科学的锻炼身体的运动方法。其二，学生具有对乐趣追求的需要。校园足球包括多样化的活动形式，如大学、高中、初中、小学的四级联赛，市长杯、省长杯等赛事，寒暑假的冬令营与夏令营等活动，加上校园足球是一项体育运动，因此，校园足球本身具有游戏性与娱乐性，能够满足学生在校园足球活动中体验到快乐的需要。其三，校园足球是一项足球活动。足球运动可以促进青少年儿童的骨骼发育、身高的增长、心肺功能的完善，提高青少年儿童抵抗疾病的能力。因此，校园足球能够满足学生的生理需要。其四，校园足球是集体活动，存在个体与个体、个体与群体、群体与群体的社会关系。校园足球每年都有不同层次的联赛，各种杯赛的举办，各种形式的夏令营、冬令营的举行，以及个人与个人、队与队、校与校之间学生相互进行的交往与交流，能够满足学生个人的社交需要，促进学生个体的社会化进程。其五，校园足球是一项赛事活动。赛事就存在对胜利的追求，一旦在赛事中获得胜利，不仅会得到自我实现需要的满足，而且会受到他人的尊重。校园足球赛事包括赛事的规则、礼仪、纪律等。让学生参与校园足球赛事，能够提高学生的道德品质，培养学生的意志品格，提升学生坚强勇敢与团结协作的运动精神。因此，校园足球具备满足学生的生理、社交、尊重以及自我实现的需要。

第二节　校园足球品牌价值构成要素

一、校园足球品牌价值概述

品牌包含品牌价值，品牌价值又包含校园足球品牌价值。因此，对于校园足球品牌价值的构成要素，应在品牌与品牌价值构成要素的理论基础上进行研究。

校园足球品牌价值的隐性要素主要以《关于开展全国青少年校园足球活动的通知》《全国青少年校园足球活动的实施方案》《关于加快发展青少年校园足球的实施意见》《中国足球改革发展总体方案的通知》等政策文件中的相关内容，结合品牌价值构成要素具有公认性的理论成果为依据。

通过对品牌、品牌价值、校园足球理论进行梳理整合，得到了校园足球品牌价值的30个要素。校园足球品牌价值包括显性要素与隐性要素。其中显性要素包括品牌名称、品牌标志、广告语、吉祥物、形象代言人、音乐、口号、宣传语、会徽、旗帜、仪式11个要素；隐性要素包括品牌认知度、品牌忠诚度、品牌形象度、品牌知名度、品牌联想度、联赛质量、足球礼仪、足球历史、足球文化、经典故事、联赛级别、社会性、专业技能、增强体质、立德树人、阳光体育、后备人才、团队合作、足球梦19个要素。

"品牌影响力要素"，包括品牌形象度要素、品牌知名度要素、品牌忠诚度要素、品牌认知度要素与品牌联想度要素；"教育及健身价值要素"，包括立德树人要素、增强体质要素、团队合作要素、阳光体育要素、专业技能要素、足球梦要素；"社会关联价值要素"，包括后备人才要素、联赛级别要素、联赛质量要素、社会性要素；"文化价值要素"，包括足球文化要素与足球礼仪要素。由于象征性要素、听觉感官要素与代表性要素中的吉祥物、形象代言人、旗帜、会徽、仪式都能够被视觉感官所识别，音乐、口号、广告语、宣传语都能够被听觉感官所识别，因此，象征性要素、听觉感官要素与代表性要素都能够被归类为品牌识别要素。校园足球品牌价值的构成要素主要由显性要素与隐性要素构成，其中显性要素包括品牌识别要素，隐性要素包括品牌影响力要素、教育及健身价值要素、社会关联价值要素与文化价值要素。

二、校园足球品牌价值的要素分析

（一）校园足球的品牌识别不够

1. 到目前为止，校园足球经历了两个发展阶段

在第一阶段全国校足办为了保护校园足球的品牌价值，公布了一个针对校园足球活动的LOGO、口号、主题曲以及吉祥物的征集公告，面向海内外征集全国青少年校园足球活动的LOGO、口号、主题曲、吉祥物。

此次征集只产生了校园足球的LOGO和口号，而主题曲与吉祥物因设计不符合要求，而空缺着。全国校足办为了保护全国校园足球联赛的品牌价值，也颁布了《2009—2010年度全国青少年校园足球联赛规程》。该规程明确规定校园足球联赛的竞赛名称为"2009—2010年度××市青少年校园足球联赛"（"省长杯""市长杯"等公益性杯名可以保存）。在联赛标识方面规定"凡举办全国青少年校园足球联赛的赛区，在印制秩序册时，必须印有联赛标识，必须在主赛场显要位置悬挂联赛标识"。在联赛横幅方面规定，市级联赛的主场赛区都必须在最显要位置悬挂横幅，名称为"×年全国青少年校园足球联赛××市××学校赛场"。

在校园足球活动发展的第二阶段，仅有校园足球的标志（LOGO）与口号，而校园足球活动的吉祥物、音乐、形象代言人、仪式、广告语、会徽、广告曲等要素仍然空缺，这不利于校园足球品牌价值的深入开发挖掘。

2. 校园足球品牌名称与品牌标志要素的认知不够

在激烈的竞争环境中，品牌名称是给消费者的第一印象。孔子言："名不正，则言不顺；言不顺，则事不成"。世界著名的营销战略家艾·里斯也提出："实际上被灌输到顾客心目中的根本不是产品，而只是产品名称，它成了潜在顾客亲近产品的挂钩。"

由此可知，校园足球的品牌名称在显性要素中应是校园足球品牌价值形成的首要要素。

根据消费者的认知理论可知，感觉是消费者认知过程的第一步，而感觉主要包括视觉、听觉、嗅觉、味觉以及触觉。一般而言，在对外界信息认知过程中，通常视觉占比为87%、听觉占比为7%、嗅觉占比为3.5%、触觉占比为1.5%、味觉占比为1%，其中以视觉最为重要。人类接收外界的信息，有80%以上是通过视觉器官所获得，视觉在认识外界事物活动中起着至关重要的作用。"品牌标志"属于视觉语言，而"口号"属于听觉语言。根据认知理论可知，校园足球的"品牌标志"要素要比校园足球的"口号"要素更先被感知。对于校园足球品牌标志要素的重要性人们还是缺乏一定的认知。

3. 校园足球品牌名称的不够明确

"校园足球"名称的称呼是由"学校足球"称呼转变而来，为了要体现足球的健身、娱乐、大众参与等基本特征，时任中国足球协会副主席薛立提出将原先的"学校足球"称呼改为听起来较为悦耳且具有游戏性质的"校园足球"。而有人又将"校园足球"称为"全国青少年校园足球"。由此可知，足球活动在名称上存在模棱两可，从而导致不同的学者对"校园足球"的内涵与外延存在不同的认识，各抒己见。有人认为校园足球的主体应以学校内的学生参与为主；有人认为校园足球的活动场所是应限于校园内；有人认为校园足球应属于竞技体育范畴；有人还认为校园足球是用来培养学生的体育精神，促进学生的德、智、体、美全面发展的；等等。这容易导致校园足球的需求方对校园足球活动在认知上产生很大的差别，不利于校园足球品牌价值的提升。

校园足球包含校园足球联赛，校园足球联赛对校园足球品牌价值的开发与挖掘具有重要的影响，而校园足球联赛的名称在全国各地也是存在各种未统一的命名，如河南省、上海市、湖北省、湖南省、四川省、广西壮族自治区、云南省、广东省等地的校园足球联赛的名称缺乏全国统一而明确的称呼。

4. 校园足球品牌标志的统一性不够

在2009年6月，由国家体育总局与教育部在北京回民中学共同召开全国青少年校园足球活动工作会议，这标志着我国校园足球活动正式启动。2014年，在北京召开的电视电话会议中，刘延东副总理在对校园足球做出重要的指示后，我国校园足球进入新阶段。目前对于校园足球的品牌标志使用不统一。校园足球品牌标志是校园足球品牌必不可少的构成要素，是校园足球品牌的象征符号，也是区别于其他品牌的视觉符号。校园足球品牌标志不仅能够反映校园足球品牌深层次的价值内涵，而且能够区别不同的品牌，可以使大众对校园足球品牌产生相关的美好联想。品牌标志的不统一将会对校园足球需求方造成联想混乱，不利于校园足球联想度的提升。

（二）校园足球的品牌影响力不强

1. 对校园足球品牌价值的品牌影响力要素认知不强

品牌影响力要素包括品牌知名度、品牌认知度、品牌形象度、品牌忠诚度以及品牌联想度等。世界级的品牌价值管理权威专家大卫·艾克提出品牌知名度、品牌认知度、品牌联想度、品牌忠诚度等要素是品牌价值形成的必然条件，另一位品牌价值管理的权威专家凯文·莱恩·凯勒也提出品牌价值的形成来源于品牌知名度和品牌形象，品牌形象又包含品牌联想。品牌价值的演进是一个由品牌的诞生→品牌知名与联想→质量与价值认知→品牌忠诚→品牌延伸的发展过程，品牌知名度是品牌价值形成的第一个环节，对品牌价值的提升具有关键性的作用。根据对校园足球品牌价值隐性构成要素的重要性调查统计结果可知，校园足球品牌价值的品牌知名度、品牌认知度、品牌形象度、品牌忠诚度以及品牌联想度要素都排在前列。校园足球品牌价值的品牌知名度、品牌认知度、品牌形象度等要素得到被调查者认可的程度一般，在隐性要素的总体排名中处于靠中间的位置。而品牌忠诚度与品牌联想度两个要素得到的重视程度则排在最后，说明人们对校园足球品牌价值形成的影响力要素的认识有待提高。

2. 品牌价值构成要素的缺失将导致校园足球的品牌知名度不强

校园足球品牌知名度是指校园足球被公众知晓、了解的程度，即校园足球对社会公众影响的广度与深度。校园足球品牌的吉祥物、形象代言人、广告语、音乐等要素对校园足球活动具有推广与宣传的作用，能够提高社会大众对校园足球活动的知晓与了解的程度，加大校园足球活动的影响力。而校园足球的吉祥物、形象代言人、音乐与广告语却是缺失的，从而对校园足球活动的品牌知名度带来影响，将会降低校园足球活动的大众知晓与了解程度，导致校园足球活动的知名度以及影响力被削弱。

3. 理念问题将导致校园足球品牌认知度不强

品牌认知度主要体现在消费者对某个品牌的内涵以及对该品牌价值的认识与理解程度，校园足球品牌认知度也主要体现在社会大众对校园足球品牌的内涵以及校园足球价值的认识与理解程度。校园足球属于学校体育活动，也属于教育活动。而目前中国的教育处在一个"注重分数、升学为上"的"应试教育"的大环境中，其中"升学率"是评定一个学校或校长主要业绩的指标，"升学出路"是家长们所追求的主要目标。因此，校长为了学校的"高升学率"，家长们为了能够让自己的孩子升上重点学校以及名牌大学，使孩子们的学习重心倾向文化课程学习，导致"重文轻武"和"重智轻体"的理念，严重阻碍了他们对校园足球的认识与理解，不利于校园足球品牌认知度的提升。

（1）刊登在《中国教育报》中的一篇关于《校园足球：别没长大就被"玩"坏了》的文章中写到"不少学校开展校园足球活动依旧遵循'老一套'、依旧特别注重成绩、依旧怀有浓烈的'锦标'主义理念；不少学校依然把校园足球活动当成了一种训练与比赛的手段，把学校变成了'体校'，要么只关注学校足球队几个人的发展，让大部分学生成了校园足球的'看客'；还有一些学校根本没有基础和条件，却抛弃了多年坚持的传统项目，发誓要在校园足球上做出点'名堂'；个别学校甚至把体育课全部变成了足球课，以博得上级部门肯定；而一些组织和机构干脆把校园足球发展当成谋取私利的好机会，打算大捞一把"。

（2）根据官方数据显示，在全国5000所校园足球定点学校中，90%以上的学校只有校园足球的校队学生参与足球活动，其他的学生并没有广泛参与足球活动，其"形式足球""仪式足球"依然普遍存在，就是由于在校园足球的发展过程中，存在着许多错误的理念。出现了关于"足球操""节日足球"以及把校园足球认作"行政工程"等一系列的错误认知，从而将导致社会大众（家长、学生等）对校园足球活动所包含的教育价值理念的认知度不够。

4. 负面问题将导致校园足球品牌形象度的不强

校园足球品牌形象是校园足球品牌价值的重要构成要素，校园足球品牌形象的好坏直接影响着校园足球品牌价值的提升。对品牌形象的概念界定中，基于消费者心理要素视角来进行界定，基本上一直处于主流地位。对于强调从心理要素来界定品牌形象概念的研究视角，被称为"认知说"。"认知说"视角认为品牌形象是消费者对于有关特定品牌的"情绪""态度""观念""理解""评价"等心理要素。而本书对于校园足球品牌形象的研究，也正是基于该概念。由该理论可知，校园足球品牌形象度是取决于社会大众对校园足球活动在他们心目中的一种"情绪""态度"或"观念"，是对校园足球活动的"理解"和对校园足球活动所做出的一种"评价"。

首先，校园足球是一项体育运动项目，是体育的重要组成部分，将受到体育领域大环境的影响。在社会大众心目中对体育一直都存在"锦标主义"以及"功利思想"的观念，而在校园足球发展的过程中也同样出现了该问题。例如，在《中国青年报》的一篇名为《家长不支持，学校不作为，孩子想踢球不容易——足球为什么在中小学校园热不起来》的文章中说，"功利足球已在校园生根发芽"了。这样将会更加严重地损害校园足球在社会大众心目中的形象。其次，校园足球是足球的重要组成部分。在中国足球的发展过程中，大众一直对中国足球有贪污腐败、足球管理机制混乱、裁判执裁不公平（如假球、黑哨）、运动员作风腐败、球场暴力（如球迷骚乱）等各种负面评价。在河南省濮阳市第三届"市长杯"青少年校园足球联赛的比赛中，油田第一中学和油田第三高级中学两个实力相当的球队，最后踢成了一个30∶0的赛局，社会很多人都表示这场比赛可能是一场"假球"。由于中国人对中国足球一直都呈现不好的印象，在校园足球发展的过程中也出现如"假球"的现状，这样便给校园足球项目以及校园足球活动的社会形象带来严重性的损毁，并给校园足球品牌形象的塑造带来一系列的恶性循环，严重影响校园足球品牌价值的提升。

（三）校园足球的教育及健身价值不清

对于校园足球本质到底是什么，社会及媒体都存在一定的误解，有人认为校园足球就是中国足球人才的培养；有人认为校园足球就是政府的政绩工程；有人认为校园足球首要是教育，其次才是足球，决不能将它等同于竞技足球；等等。2009年颁布的《关于开展全国青少年校园足球活动的通知》的核心思想是提高学生的"体质"与"体能"，培养学生的"拼搏意识"与"团队精神"，通过开展校园足球活动"普及足球知识与技能"，最终形成以"学校为依托""体教结合的青少年足球人才培养体系"。

2015年教育部、国家发政委、财政部等6部门颁布的《关于加快发展青少年校园足球的实施意见》指出校园足球的根本任务是"立德树人",要充分的发挥足球的"育人功能",要"弘扬阳光向上的体育精神",要促进青少年的"身心健康、体魄强健、全面发展",通过发展校园足球活动为"振奋民族精神提供有力支撑"。从校园足球活动的发展过程来看,最初为了贯彻落实中共中央国务院《关于加强青少年体育增强青少年体质的意见》以及《关于开展全国亿万学生阳光体育运动的决定》而明确提出校园足球活动的主要目的更倾向提高学生的"体质"与"体能",形成国家足球"后备人才"的培养体系;而经过校园足球活动的进一步发展,进一步提出了校园足球活动的核心思想是"立德树人""育人为本"的教育价值理念。在2014年,刘延东副总理在全国校园足球电视电话会议上特别强调,对于校园足球发展的正确逻辑关系是:第一是要实现教育"立德树人"的根本任务,培养德、智、体、美全面发展的人才;第二是为推进学校体育的教学改革,实现强化体育课、课外锻炼、促进青少年身心健康的根本任务;第三才是为中国足球的发展培养品学兼优的优秀后备人才。虽然校园足球活动对培养国家足球后备人才具有一定的作用,但是校园足球活动的核心作用是对学生进行教育具有健身价值,以及促进全国青少年的全面健康发展。然而在校园足球发展的现实中,校园足球的发展在有的地区和学校仍然存在观念上的误区,认为"校园足球就是为了出人才",并将校园足球发展的"育人为本""促进人的身心健康、全面发展"的教育价值理念与培养"后备人才"的价值理念之间的关系混淆。

(四)校园足球的社会关联度低

在社会关联要素中,主要涉及校园足球联赛的级别与质量。校园足球的四级联赛是校园足球联赛的核心,而校园足球的四级联赛主要包括小学组、初中组、高中和大学组联赛,其为国家足球后备人才的储备奠定了一定的基础。校园足球的四级联赛还处于发展的初级阶段,其联赛水平与联赛质量都有待提高、其内部关联也不强。2009年校园足球活动开始启动,为了推动校园足球活动的开展,国家体育总局和教育部相关部门共同研究制定了《全国青少年校园足球活动实施方案》(以下简称《方案》),在该《方案》中专门列出了校园足球四级联赛组织实施的工作任务与目标。校园足球四级联赛主要包括小学组、初中组、高中和大学组联赛，其中校园足球的小学组和初中组联赛率先开展。2009年10月在青岛天泰体育场隆重举行了全国青少年校园足球小学初中联赛开幕式，有来自北京、上海、大连、海南等地的46支各分赛区的足球队参加，标志着我国校园足球四级联赛的正式启动。但是在校园足球联赛的开展之初，由于各种原因的存在，也仅仅开展了小学组与初中组的校园足球联赛，而高中组与大学组并没有开展。到2013年10月才正式启动了校园足球布局城市的高中组与大学组的校园足球联赛，初步建立了校园足球的小学、初中、高中和大学的四级联赛体系。

2014年，在"全国学校体育工作座谈会上"教育部部长袁贵仁提出了"从今年起要逐步建立健全小学、初中、高中和大学四级足球联赛机制"。而在目前校园足球的四级联赛体系还不完善，我国各地区大多只是开展了三级联赛，四级联赛体系并未真正建立起来并且校园足球高质量的赛事少。由上可知，校园足球的小学组、初中组、高中组和大学组的四级联赛体系还处于刚刚起步的初始与不成熟的阶段，联赛质量与联赛水平不高，四级联赛体系还有待衔接完善。

校园足球四级联赛中的足球人才机制与升学机制缺乏衔接与关联。校园足球四级联赛的人才输送通道与学生的升学链受阻，将会降低家长及学生对校园足球活动的忠诚度。许多城市中的教育部门脱离实际情况设立足球特长生的招生政策，从而导致联赛中的足球人才输送通道受阻以及学生升学途径受限，满足不了家长及学生的需要，还降低家长对校园足球活动的支持以及学生对校园足球活动的参与积极性。

我国校园足球联赛的社会观众不容乐观。我国资深足球节目评论员张路说："各级校园足球联赛现场观众稀少，正式的校内班级足球比赛的观众数量随着年龄的增长而递减，校际的足球联赛几乎没有观众。"而对于邻国日本来说，正好相反。日本的高中生联赛每年都能吸引四面八方的数万观众前往现场观看，而决赛甚至吸引了全日本人的关注。在第95届日本高中足球全国大赛决赛中有41959名球迷到现场观看。该赛事精彩程度高，比赛场上的球员展现的技战术堪称一流。在赛事组织与赛事转播方面也都呈现最高规格，在现场的单场观众人数，连中超都望尘莫及。

我国校园足球联赛的商业价值欠开发，几乎没有任何的商业性冠名，对于比较典型的卡尔美赞助商，也主要是以公益性赞助为主。而日本校园足球的商业价值开发已久，如在赛场外，日本高中足球联赛的商业开发相当成熟。在第95届日本高中足球全国大赛决赛中，有44家日本国内的电视台转播，包括富士施乐在内的6家大型赞助商。日本的校园足球联赛从1994年就有了赛会吉祥物，2009年有了主题曲（至今有18首），2005年有演艺界的明星出任形象代言人。周边的相关产品也多种多样，日本的高中生足球联赛的品牌价值开发程度堪比职业俱乐部。

（五）校园足球文化被忽略

1. 校园足球行为文化被忽略

在北京市清华附中校园足球运动中心举行的2017—2018年度北京市中小学生校园足球联赛暨冠军赛小学男子甲B组第38场的比赛中，在进行至第40分钟时，北京市的一位D级教练员王×峰冲入比赛场地，当场辱骂裁判员，造成比赛中断。比赛结束后，教练员王×峰再次威胁、当众辱骂裁判员。他的行为造成了非常恶劣的社会影响。该场赛事比赛结束后，该场的全体球员都没有跟裁判员握手致意。在比赛时，有运动员在人群中脏话频出，甚至有对裁判员竖中指的行为。对于一位教练员连最应该具备的基本素质都没有，对于球员连最基本的足球礼仪文化也没有。这个案例中说明了教练员及运动员行为文化素养的缺失，从侧面也反映了人们对校园足球行为文化教育的忽略。

2. 校园足球精神文化的忽略

在《关于开展全国青少年校园足球活动的通知》提出"为全面提高广大学生体质和体能，培养拼搏意识和团队精神……建立体教结合的青少年足球人才培养体系"。从该通知中可知，校园足球主要倾向提高学生的"体质"和"体能"，主要的落脚点是"足球人才培养"，而弱化了培养广大学生的"拼搏意识和团队精神"的文化精神内涵。而在各地各校也存在校园足球文化被忽视的现象，主要体现为"重体能、轻精神""重技能、轻素养"。在《中国青年报》上刊登了一篇关于《家长不支持，学校不作为，孩子想踢球不容易——足球为什么在中小学校园热不起来》的文章。文章中说，"现在的家庭从一开始就把踢足球当成孩子日后改变命运的一条路，踢球的功利色彩很浓，这使得孩子在参与足球活动时，背着很沉重的思想负担""现在的很多正在开展校园足球活动的学校，其功利性也很强"。可见，现在有一定的社会家庭一味地追求孩子的成绩，过分注重校园足球所带来的利益，而忽视了校园足球所具有的文化教育价值。

第三节　校园足球品牌价值开发策略

一、校园足球品牌识别度的提升

我们需要完善校园足球品牌价值的品牌识别要素来提升校园足球的品牌识别力，以此来达到校园足球品牌价值的提升。系统理论认为，系统是由诸多要素相互作用而形成的整体，其整体性与关联性是所有系统的共同基本特征。校园足球也是一个复杂的系统，有整体性的特征。对于校园足球品牌价值的开发，同样要遵循整体性的基本原则。在校园足球活动启动的初始阶段，体育部门为了保护校园足球活动的品牌价值，向社会发布了一个征集校园足球活动LOGO、口号、主题曲、吉祥物的公告，在这公告之后也只产生了校园足球活动的标志（LOGO）、口号。为了保证校园足球联赛活动的品牌价值，全国青少年校园足球工作领导小组也只是规定了联赛中的联赛名称、标识以及横幅的使用。在校园足球新的发展阶段，也只有校园足球活动的标志（LOGO）、口号被广为人知，对校园足球活动的吉祥物、形象代言人、音乐、广告语、仪式、会徽、旗帜等则缺乏一定的开发挖掘。对于校园足球活动的吉祥物、形象代言人、会徽、仪式等要素的开发经营与管理将能够创造不菲的品牌价值。

自从1984年洛杉矶夏季奥运会的吉祥物被进行商业化运营以来，之后的各届奥运会都加强了对吉祥物的经营与管理。根据官方数据以及相关资料可知，2000年悉尼奥运会和2004年雅典奥运会吉祥物的经济价值分别为2.13亿美元与2.01亿美元，2008年北京奥运会的吉祥物"福娃"大约获利3亿多美元。日本的校园足球联赛从1994年就开始有了赛会吉祥物。对于形象代言人而言，日本的校园足球联赛在2005年由演艺界的明星出任形象代言人，充分发挥了形象代言人的"名人效应"。因此，要完善校园足球活动的吉祥物、形象代言人、音乐、广告语、会徽、仪式等要素，尤其要开发挖掘吉祥物与形象代言人，从而更加快速地提升校园足球的品牌价值。

品牌名称是品牌最基本的要素，也是最直接、最有效的品牌信息传递载体。一个好的品牌名称简单易记，能够清晰地表达该品牌所承载的核心价值，使消费者产生美好联想。开发管理校园足球的品牌名称是建立校园足球品牌比较关键的一步。校园足球品牌标志是校园足球品牌的象征符号，也是区别于其他足球品牌的视觉符号，它是校园足球品牌必不可少的构成要素，主要包括文字、图案、色彩等部分。其中的文字标志是品牌名称和品牌标志的统一，能够直接将品牌名称展示给大众，从而增强大众对品牌名称的记忆。图案标志能够让大众识别并引起大众美好的联想，便于大众记忆。好的校园足球品牌标志不仅能够反映校园足球品牌深层次的价值内涵，而且能够区别不同的品牌，使大众对校园足球品牌产生美好的联想。因此，要提升社会大众对校园足球品牌名称与品牌标志的认知，明确校园足球活动品牌名称的称呼，明确与统一校园足球联赛的品牌名称，明文规定校园足球联赛标志的统一使用，以此提高社会大众对校园足球活动的品牌识别度，进而提升校园足球的品牌价值。

二、校园足球品牌影响力的提高

要提高校园足球品牌影响力，主要可通过提高校园足球活动的品牌知名度、提升社会大众对校园足球活动的品牌认知度、树立校园足球活动的良好形象，使社会大众对校园足球活动产生美好的联想，最终达到对校园足球品牌的忠诚。品牌知名度是品牌价值形成的首要条件，是指品牌被公众知晓、了解的程度，是评价品牌社会影响力大小的指标。知名度是众多消费者知晓与选择某个品牌的理由，因为它将会缩短消费者去寻找与选择的时间，从而降低消费者的选择成本。知名度高意味着该品牌具有较高的市场份额，从而会获得更高的品牌价值。品牌推广是品牌知名度提升的快速手段，因此，要使校园足球品牌知名度快速提升就要进行推广。

校园足球的吉祥物、形象代言人、广告语、音乐具有推广的作用，尤其是形象代言人最为重要。形象代言人推广方式是传统的品牌推广方式之一，是品牌营销中最常用的营销手段之一，也是品牌价值提升策略的有效方式。形象代言人是社会的公众人物，具有很高的社会知名度，在社会大众心目中具有独特的社会形象。校园足球活动发展的初始阶段，缺乏校园足球活动的形象代言人。为了保证校园足球品牌价值的开发利用，为了提升校园足球的品牌价值，应确立校园足球活动的品牌形象代言人，以提高校园足球活动的品牌影响力，以此提升校园足球的品牌价值。对于如何提升校园足球活动的品牌认知度，主要是让社会大众转变"重文轻武"和"重智轻体"的理念以及转变对校园足球一些错误的观念。在校园足球的发展中要严惩"假球""黑哨"等不良的负面现象，积极倡导校园足球所带来的正能量形象，积极树立裁判员、教练员等人员方面的良好形象，从而提高社会大众对校园足球品牌的认可度，让大众对校园足球产生忠诚感，以此提升校园足球的品牌价值。

三、校园足球教育及健身价值的强化

教育能够增长人们的知识及技能、提高人们的思想意识与道德水平、培养人们的行为规范意识。教育既是一种生产也是一种消费，是经济增长的源泉。教育价值是校园足球品牌价值最核心的价值，是校园足球活动的本质内涵，是校园足球品牌价值开发的基石，对校园足球品牌价值的提升具有重要的作用。教育部体育卫生与艺术教育司司长王登峰在2017年的两会直播访谈中提出"推动校园足球是落实立德树人的教育使命之所在""教育是国家发展的基石"。在首届"北京市校园足球特色校校长论坛"上，王登峰又进一步谈到校园足球活动的发展要以"育人是根本"为理念。

在《中国足球改革发展总体方案》和《关于加快发展青少年校园足球的实施意见》中都明确强调校园足球要以"育人为本"、要"发挥校园足球的教育及健身价值"。校园足球本身具有德育价值、体育价值、智育价值以及美育价值。德育价值主要体现在能够健全学生的人格、提高学生的道德品质；体育价值主要体现在能提高学生足球的技战术水平、全面提升学生的力量、耐力、协调、灵敏、速度等身体素质、能够增强学生的体质，从而促进学生的身体健康；智育价值主要体现在通过足球技战术运用，能够锻炼学生分析问题与解决问题的能力，从而增强学生的智力能力；美育价值主要体现在足球本身具有技术动作的美、在比赛中所体现的力量与对抗的美、赛场上学生们活力与激情的

美等。校园足球虽然对国家的足球后备人才具有一定作用，但是要进一步强化校园足球的教育价值及其健身价值，因为这些价值是校园足球的本质内涵。只有让孩子提高了德育与智育、增强了体质、提升了审美意识，才能够提高家长及社会大众对校园足球活动的品牌认知度，从而提升校园足球的品牌价值。

四、校园足球社会关联度的加强

高质量、高水平的赛事具有极高的品牌价值，高质量与高水平是提升赛事品牌价值的基础。如在福布斯发布的2015赛事品牌价值排行榜中，与足球相关的赛事中世界杯与欧冠入选前10，分别在排行榜中排在第4和第8位，其品牌所蕴含的价值分别是2.29亿美元和1.27亿美元。世界杯与欧冠之所以有如此高的品牌价值，是因为集聚了一批世界顶级足球运动员，造就了高质量、高水平的赛事。由于赛事本身具有高质量、高水平，从而吸引了大批世界各地的球迷进行观看，拉动了企业的赞助、电视的转播等商业性收入。校园足球赛事是校园足球活动的重要组成部分，其中校园足球四级联赛是校园足球赛事体系中的核心赛事，也是校园足球赛事中的"主心骨"。

全国校园足球四级联赛体系从2014年教育部部长袁贵仁在全国学校体育工作座谈会上，提出要建立健全我国校园足球四级联赛体系后，我国的校园足球四级联赛体系才开始进行建设。从全国校园足球四级联赛发展情况来看，目前，我国校园足球四级联赛还处在不完善、刚刚起步的初始阶段。小学联赛、初中联赛、高中联赛、大学联赛的赛事举办水平参差不齐，全国校园足球四级联赛总体上联赛质量与联赛水平不高。因此，要加强校园足球四级联赛之间的关联与衔接，建立健全校足球四级联赛体系，提升校园足球四级联赛的总体赛事质量与赛事水平，将校园足球四级联赛打造成一个具有代表性的"赛事品牌"。同时也要加强校园足球四级联赛中的足球人才机制与升学机制的衔接与关联，以获得家长及社会大众的支持，吸引他们观看校园足球四级联赛，使他们变成忠实的球迷，获得更多企业赞助，使校园足球品牌价值得到提升。

五、校园足球文化的促进

足球本身是一种文化。刘延东同志曾在校园足球工作座谈会上指出："足球是一种运动，同时也是一种文化，只有形成良性的足球文化，足球才能健康的发展。"品牌文化是文化特质如经营观、价值观、审美观等观念形态结晶在品牌中的积淀和品牌经营活动中的一切文化现象，以及他们所代表的利益认知、情感属性、文化传统和个性形象等价值观的综合。因此，校园足球品牌文化是指校园足球文化特质在校园足球品牌中的积淀和校园足球品牌经营活动中的一切文化现象，以及与校园足球相关价值观的综合。

校园足球品牌是校园足球文化的载体，校园足球文化是校园足球品牌的精华，是校园足球活动的理念、行为规范和价值体系的体现。文化是校园足球的本质属性，校园足球文化是物质文化、精神文化、行为文化和制度文化所构成的有机统一体。校园足球的核心文化以"育人为本"为教育价值理念，校园足球文化具有导向作用、凝聚作用、激励作用、约束作用、辐射作用。理论与实际都已证实，品牌的根基在于文化、品牌的灵魂也在于文化。品牌文化与品牌价值具有显著的关联性，品牌文化是品牌价值的核心，是品牌价值提升的源泉，也是塑造品牌形象的核心要素。具有丰富文化内涵的品牌，利于塑造品牌形象、利于提升品牌知名度与品牌美誉度。校园足球品牌文化具有凝聚功能，像"磁铁"一样具有吸引力，有利于提高社会大众的校园足球品牌忠诚度。因此，促进校园足球品牌文化的推广，有利于校园足球品牌价值的提升。

第六章

中小学校园足球文化建构其他因素探讨

在校园足球文化建构中，足球课程、足球教师培训等因素，也是影响中小学校园足球文化建构和营造的重要因素。中小学足球课程形成了校园足球课程文化，中小学足球教师培训形成了校园足球的师资文化和培训文化，这都是校园足球文化的有机组成部分。对这些因素进行探讨和分析，有助于更好地建设中小学校园足球文化，推动中小学足球运动和足球文化的发展。

第一节　中小学足球课程设计方案与实施

通过对中小学足球课程设计进行研究发现，中小学足球课程设计基本满足大课程观下体育课程设计的基本要求，课程的诸多环节都体现了足球文化的传播和对学生足球运动兴趣的培养。笔者建构了中小学足球课程设计方案。

一、中小学足球课程设计方案

图1为中小学足球课程设计结构，在大课程观下中小学足球课程设计应从建设课内足球课程、校园足球文化氛围和课外足球课程这几个角度出发，围绕以下几个方面进行设计。

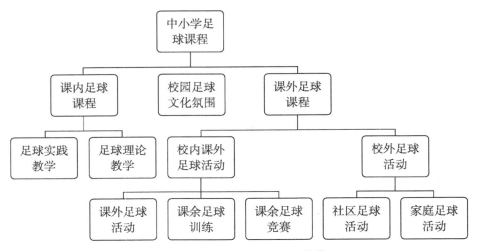

图6-1　中小学足球课程设计结构

（一）课程目标

中小学足球课程目标的确立，其指导思想应当与《义务教育体育与健康课程标准》（以下简称《标准》）统一，通过对足球课程的学习，学生将：

（1）增强体能，掌握和会应用基本的足球知识和运动技能。

（2）培养运动的兴趣和爱好，形成坚持锻炼的习惯。

（3）具有良好的心理品质，表现出人际交往的能力与合作精神。

（4）提高对个人健康和群体健康的责任感，形成健康的生活方式。

（5）发扬体育精神，形成积极进取、乐观开朗的生活态度。

在进行课程目标设计时应围绕四个课程分目标——运动参与、运动技能、身体健康、心理健康与社会适应进行设计。对于不同水平学生应当做到逐渐过渡，相互衔接。在设计中小学足球课程年度教学计划、学期教学计划、单元教学计划和课时教学计划时，教学目标都应围绕这四个维度进行阐述。

（二）设计原则

中小学足球课程是一门以学习足球基础动作、基本技能为主，以学习足球理论知识为辅，以身体练习为主要手段，以增强学生体质、促进学生形成良好意志品质为目的的课程。在课程设计中要体现学科性质，设计原则坚持突出基础性、实践性和综合性特点。

（三）课程内容选择与组织

课内足球课程由体育教师根据指南与标准内容进行设计，内容的选择与组织应当满足帮助中小学生了解足球的基本知识，掌握基本技能，使其具备参与小场地足球比赛的基本能力的要求。理论课与实践课所占比例要协调，能体现足球课的课程性质——以身体练习为主。各年级、各水平足球教学内容既要有联系又要有区别。学习难度逐步递增，但都围绕足球运动基础技术、基本技能展开。教学内容突出培养学生参与足球运动的自主性、独立性。在课程评价方面要制定量化的评分细则表，注意将过程性评价与终结性评价相结合。各年级可根据实际情况稍做改动。

1. 足球实践教学

中小学阶段实践教学内容应以基础动作、基本技能为主，可参考《全国青少年校园足球教学指南》中各年级足球课教学内容中实践课部分。实践课内容的选择应与中小学生的身心发育水平相适应，不宜进行过多的技术练习。乏味的高难度动作练习，可能会让学生觉得足球课枯燥无味。选择足球游戏、小场地足球比赛等组织形式，对提高中小学生足球课学习兴趣有很大帮助。

2. 足球理论知识

在天气恶劣的情况下，教师可适当进行足球课程理论教学。中小学阶段理论知识教学内容应围绕足球运动小故事，足球运动基础知识，足球小场地比赛基本方法，足球竞赛基本规则、运动饮食，营养与卫生知识，足球运动损伤与自我保护等内容展开。按中小学生身心发育规律，低年级阶段选择足球故事、足球基础知识等内容，学生较能接受；高年级学生，在接触足球一定时间，了解一定程度的足球基础知识后再进行足球竞赛规则、运动损伤及保护知识的传授。如此，方能方便各阶段的学生对足球理论知识的学习。

二、校园足球文化氛围建构与传播

（一）校园足球文化建构

校园足球文化氛围的设计，应当以校领导为主要负责人，由教师参与设计与实施，由学生共同参与完成，可利用校园广播普及足球基础知识，播报足球赛况。校园足球文化节活动包括足球解说员、足球手抄报、足球绘画、足球宝贝选拔、足球裁判员选拔、足球征文、足球海报、足球游戏和足球小场地比赛等多项实践活动。可鼓励学生共同参与，并在校园足球宣传栏中将丰富的校园足球活动成果进行展示。在校园足球活动实施中，弘扬"传、带、帮"的理念，让高年级学生带动低年级学生。

（二）校园足球文化传播

1. 提高认识，加大宣传力度

在一些偏远地区，由于教学设施不够完善，学校面积小，没有专门的足球场地，许多学校没有开设足球课，导致学生不了解足球文化，更不用说足球的理论知识和操作技巧，严重制约了校园足球文化的发展。还有的学校没有配备专业性较强的足球教师，教师在教学时只是机械地照本宣科，缺乏和学生之间有效的沟通和互动，学生缺乏训练和学习的积极性，足球教育基本流于形式。针对这些情况，自上而下应正确认识校园足球文化的意义和作用，加大对校园足球文化的宣传力度，通过校园广播、板报、微信平台等多种形式，传播足球文化的相关内容，潜移默化地增强学生与教师对构建校园足球文化的重视程度，使足球文化成为学校的主要文化之一，通过足球文化促进学校其他文化的开展。

2. 营造校园足球文化的氛围

学校是发展校园足球文化的场所，校园文化气氛起关键性的作用。丰富多彩的活动可以让足球文化真正融入校园文化生活，激发学生对足球的兴趣，让足球成为学生日常生活的一部分；足球联谊赛可加强学校与学校之间的足球文化交流；通过比赛，学生之间也可以对足球知识和动作技巧互通有无，增进友谊；通过听课等方式，教师可在教学方面取长补短，学习其他学校先进的经验，开阔视野；还可以建立足球俱乐部，鼓励学生自己开展和足球相关的活动，如校级友谊赛、师生交流赛、班级联赛、足球知识讲座等，使学生有更多的机会观赏更多的高技术水平的足球比赛，提高校园足球文化的娱乐性，使更多的人认识和了解足球，营造良好的足球文化氛围。

在校园艺术节中，可以增加足球知识竞赛、足球才艺表演等项目，丰富校园文化生活。经常组织一些不同性质的足球比赛，如不同学校之间的"邀请赛"，校内班与班之间的"对抗赛"，充分调动学生的积极性，增强学生对自己学校的热爱，使校园足球文化更加丰富多彩，进而达到使学生参与足球运动，强健体魄的目的。

3. 改变足球课堂的教学方式

课堂教学是足球文化的主要传播途径，校园足球运动不是为了培养专业的足球运动员，而是要使每个学生都有接触足球、了解足球的机会，发挥校园足球的教育及健身价值。因此，在课堂教学中，应由浅到深、循序渐进，让每个学生都能参与课堂活动。教师改变传统的教学模式，通过现代教学手段、合作探究等方式，增加足球课程上的互动，让足球课程更加实用，使学生更直观地了解足球运动的各种规则和要求，更清楚足球比赛时的人员分布。通过实地演练提高学生的学习主动性，增强教学的趣味性。教师要注重赏识教育，让每个学生都有表现自我，发挥自己特长的机会，增强学生的存在感，使其更好地正视自身的价值。

4. 建立校园足球文化建设的奖惩制度

为更好地开展校园足球运动，传播校园足球文化，可相应制定一些奖惩制度，鼓励学生自行组织和积极参与一些和足球相关的活动和赛事。对于积极参与活动、表现突出的学生可给予必要的鼓励和奖励。教师对学生的训练时间和指导比赛时数可纳入工作量的范围。对于不配合校园足球文化传播、对学校工作造成不良影响的师生要严惩。要不断完善校园足球文化的各项制度，做到奖惩分明，通过奖惩制度促进校园足球文化的传播。教师和学生要严格遵循学校的规定。

三、课外足球课程

（一）校内课外足球活动

课外足球活动由体育教师组织，由班主任及其他老师协助，在校课余时间如大课间、活动课安排学生进行足球活动。大课间活动时鼓励全校师生都参与足球活动。各年级在体育教师的安排下，完成与足球课相关的身体练习。组织学生参加足球兴趣班，让学生在兴趣班中对已学到的足球运动技术进行巩固和提高。课余足球训练要求学生在足球教练的指导下，有计划地完成一定量的足球技术、战术、体能、实战等训练内容。教师要严格制订各水平学生的足球训练计划，制订学期训练计划、周训练计划和每日训练计划。训练内容要源于足球课教学内容又要高于足球课教学内容。根据学生实际情况，制定水平等级评分细则，对学生进行评价。评价可包括训练时的口头评价，也可进行考试。有条件的学校可根据实际情况为校队队员建立体质档案袋。档案袋内容包括训练、比赛录像，学生体质测试成绩，体能测试结果等。

创新课余足球竞赛联赛赛制和组织形式，使之呈常态化、体系化发展，创新包括校内竞赛、校际联赛。

1. 校内竞赛

要求在各班建立足球队，在校广泛开展足球竞赛活动，做到"一周一赛"，开展班级挑战赛、年级挑战赛等。

2. 校外竞赛

鼓励教师带队外出参加校际足球竞赛，做到每学期举办一次校际足球比赛。

图6-2　中小学足球校际竞赛体系

（二）校外足球活动

社区足球活动。与社区加强联系，积极组织校外足球活动，如社区足球夏令营、足球游戏、足球小场地比赛等。

家庭足球活动。支持家长进校园、进训练场、进小场地比赛场观看孩子参与各项足球活动，提高家长对足球运动的认可度。在暑期举行亲子足球夏令营活动，鼓励家长与学生共同参与足球活动。体育教师可布置体育家庭作业，由家长监督孩子完成。

四、课程实施注意要点

1. 合理安排课时量，保证教学质量

在课程具体实施过程中要合理安排体育教师的工作量，避免教师出现疲劳。对于大课间足球活动等不涉及教学方面的课程内容，可以让班主任及其他教师在实施中安排进行，让拥有足球特长的教师也参与校园足球课程管理，做到师资的合理利用。

2. 课程目标的设计要突出学生主体地位

课程目标的制定要重视对学生的全面培养，突出"健康第一"的根本思想。足球课程的各级各类目标均要从四个领域进行设计，要以学生为本，建立以学生为主体的指导思想。在进行目标制定时，应充分考虑各层次水平的学生的身心发育情况，让每个学生都能受益。

3. 课程内容的选择与组织应符合学生需求

在进行中小学足球课程设计时，课程内容的选择与组织十分重要，在对中小学调查时发现，不少学生不参与足球运动是因为对足球没有兴趣，对于学生

兴趣的培养要融入学校体育教学的整个环节中。在足球课程组织中应当以中小学生喜闻乐见的"足球游戏""小场地足球比赛""观看比赛视频"等为主，提高学生的参与度，实践课中多使用标志物进行场地设计，提高学生的有意注意力，让学生乐于参与足球活动。在进行课程内容的选择时，要注意各个年级教学内容难度水平适中，以基础知识和基本技能为主，将理论知识与实践活动相结合，内容上要符合学生身心发育水平。

4. 提高教师素质

为了更好地开展足球课程，需要提高体育教师教学素质水平，为教师提供参加职后培训的机会，鼓励职后深度学习。体育教师在课程实施过程中要进行足球教学设计以及足球教法和学法研究，形成自身的理论体系。

5. 合理利用场地资源

在场地有限的情况下，要合理规划使用场地。课程实施的过程中，要将室内理论课与室外实践课充分结合。在天气恶劣的情况下组织学生进行足球理论知识的学习。合理制定和安排课余足球兴趣班和课余足球训练内容，各兴趣小组和校队依次循环使用场地，将练习与比赛时间错开。还可加入一些对场地要求不高的身体素质练习，做到场地资源的合理利用。

6. 提高家长对校园足球运动的关注度和认可度

家长对于学生参与足球运动的态度直接影响学校足球课程的开展，做好学生家长的工作，让家长参与其中了解足球活动开展的意义，提高家长对足球运动的认同感，对深入开展校园足球活动十分有必要。在校园足球文化节中，可以适当增加亲子游戏，如家庭版"两人三足"运球小场地比赛等。积极开展家长"三进"活动——进课堂、进训练场、进比赛场。让家长多多参与校园足球活动，感受足球魅力，与孩子一起爱上足球，爱上运动。

第二节　提高校园足球教师的职业认同感

一、足球教师职业认同感的重要性

我国校园足球的实施，不论是学校体育教学改革、竞赛开展，还是校园足球文化建设，校园足球教师都是其中不可或缺的重要组成部分。《中国足球改革发展总体方案》中对改革推进校园足球发展提出了发挥足球育人功能、推进校园足球普及、促进文化学习与足球技能共同发展、促进青少年足球人才规模化成长、扩充师资队伍等五点要求，可见师资队伍在校园足球发展中的重要性。同时，教育部、国家发政委、财政部等6部门《关于加快发展青少年校园足球的实施意见》中对校园足球师资队伍建设也提出多方面的要求。

基于校园足球发展的现实需求，教育部于2015年、2016年分别启动了校园足球教师赴法、赴英留学项目，以及校园足球骨干师资国家级专项培训计划等一系列国内外培训。目前为止，校园足球骨干师资国家级专项培训已经对2万多名校园足球师资进行了培训，全国各级各类校园足球培训共累计完成20多万人次的培训。在校园足球教师数量基本满足需求的情况下，如何提高足球教师的素质，增强校园足球教师对所从事校园足球工作的积极认知，提高现有校园足球教师的教学态度和教学行为，调动校园足球教师开展工作的内生动力，对于正确贯彻校园足球文件精神，提高校园足球活动开展实效，加快学校体育改革步伐有重要推动作用。

教师职业认同研究始于20世纪末，作为新兴的积极心理学研究领域，近些年受到心理学、教育学专家和学者的重视。教师职业认同是指教师从心底里接受、认可自己的教师工作，并能对所从事工作的各个方面做出积极、正面的感知与评价，这是从事教师工作的一种主观心理感受。教师职业认同影响教师的职业倦怠、离职意向、工作投入、教学方式等工作态度和教学行为，是教师在教学过程中做各种决定的基础，直接或间接影响学生的学习效果和学校的教育质量。体育教师职业认同代表了体育教师对自身工作的认可和发自内心的热爱程度，是体育教师对本群体行为模式及其行为方式的期望。提高体育教师的职业认同，不仅有利于提高体育教师群体的素质、改善学生的体质健康、提高学校的体育教学质量，更有利于学校体育改革的推进与落实。

提高体育教师的职业认同，不仅有利于体育教师整体素质的提高，学生体育健康的促进，更有利于学校体育改革的推进和落实。为提高青少年体质健康，推动校园足球发展，国家从上到下制定了详细具体的政策。而对政策正确的解读和落实，要靠广大基层学校、教师去实施。如果不能认识到足球运动所蕴含的体育精神、文化意义和国家开展校园足球的目的，校园足球就无法真正开展好。因此，提高校园足球教师的职业认同，对改善其工作态度，提高工作效果，达成校园足球开展目标有着重要的意义。校园足球教师职业认同的形成与发展，受个人教学信心、价值观、理想信念、职业情感等内部因素和国家政策导向、组织支持、政策保证、福利待遇等外部因素的共同影响。对校园足球教师的职业认同特征和影响因素之间的关系进行探索，有利于相关人员认识校园足球教师职业认同发展的复杂性和艰巨性，从而提高校园足球教师培训阶段的针对性，为制定校园足球相关政策提供可参考依据。

目前，校园足球教师虽然并不能称为职业，但是我国校园足球发展至今，基本上在国家级校园足球特色学校中均有教师专职或兼职负责本校的足球工作，且教育部、国家体育总局等部门在文件中也直呼将这部分人群称为"校园足球教师"。所以，本研究中的校园足球教师是指在校园足球特色学校中从事校园足球工作的人群，他们的职业认同就是对自己所从事校园足球工作的肯定性评价与态度。在当前情形下，提高校园足球教师职业认同有利于提高学生身体素质、促进校园足球活动的开展实效、加快学校体育的改革步伐。本研究通过查阅文献资料，深入校园足球基层、探寻校园足球教师职业认同的主要影响因素（社会支持、教学效能感、国培效果），理论与实证相结合地对校园足球教师职业认同现状、影响因素及其作用机制进行探讨，这对于厘清当前校园足球开展过程中的认识，增强校园足球教师从事校园足球工作的积极性、主动性，促进学生身体健康水平，改善校园足球教育质量，提高校园足球相关政策制定的针对性，推动校园足球活动可持续性开展，加快学校体育改革有着重要作用。

全国校园足球活动由国家体育总局与教育部在2009年6月联合启动，发展至2014年11月，改由教育部牵头，发改委、财政部、国家新闻出版广电总局、体育总局和共青团中央五部门共同推进。校园足球活动的开展，对于丰富学生课余生活、提升学生身体素质、加快学校体育改革起到了较大的推动作用。

二、加强校园足球教师专项培训

青少年校园足球活动的深入开展需要高素质的校园足球师资队伍作为保障。为了进一步加强校园足球师资队伍建设，提高校园足球从业人员的综合素养，教育部从2015年开始对全国校园足球特色学校的骨干师资开展专项培训工作（以下简称"专项培训"）。"专项培训"旨在努力打造一支讲政治、懂足球、善管理、有专长的青少年校园足球师资队伍，以满足青少年校园足球扎实普及、加快发展和提升水平的需要。

2015—2016两年间，教育部完成了对1.8万名校园足球师资（包含一线教师、中小学校长、裁判员等）的培训工作，在一定程度上提高了足球教师的教学水平，推动了校园足球的发展。但由于部分培训单位师资力量薄弱、学员社会角色复杂、课程与教学教材缺失、课程结构不合理以及资源配置局限等多方面原因，致使"专项培训"效果大打折扣。

现阶段，对于"专项培训"的效果主要通过以下两个方面进行保障：一是在培训单位的遴选上，由教育部对培训单位的综合能力进行考察、评定。二是在培训结束后，由培训单位对培训效果进行自我评价（自我评价在部分培训单位甚至是缺失的）。可见，"专项培训"效果的保障方式具有明显的局限性。一方面，教育部对培训单位的遴选只能保证承担培训任务单位校园足球教师的职业认同及影响因素研究在硬性条件上具有充分的资格，却无法对培训过程进行有效干预和监督，而培训效果正是生成于培训过程之中的。另一方面，纯粹以培训单位的自我评价为依据的效果评估，使得培训单位既是评价对象，也是评价主体，利益牵涉将导致评价结果失真。

校园足球教师作为"专项培训"的对象，对培训质量的好坏应具有较大的发言权。因此，从校园足球教师的角度对"专项培训"的效果进行评价，有利于使评价方式更为科学、客观、全面。以评价结果的反馈机制为依据促使培训单位对"专项培训"进行持续改进，是不断提升培训效果的重要途径。

三、社会支持对于足球的发展有重要的价值和作用

（一）社会支持及其维度

社会支持及其维度（组织支持、家庭支持）对校园足球教师职业认同有显著的正向影响，即校园足球教师感受到的社会支持程度越高，对校园足球工作的评价越高，其职业认同水平也越高。

（二）教学效能感

教学效能感在社会支持与职业认同之间起部分中介作用，即社会支持不仅可以直接影响校园足球教师的职业认同，还可以通过教学效能感对职业认同产生间接影响。其中，组织支持产生的总效应和直接效应大于家庭支持产生的总效应和直接效应，组织支持产生的间接效应小于家庭支持产生的间接效应。

1. 充分调动校长的积极性

各级教育管理部门要高度重视来自学校领导的作用，充分调动校长的积极性。当学校校长和其他学校管理者重视校园足球，把校园足球放在重要发展的地位，那就能很大程度地影响、改变一线教师的工作态度和工作成效。

2. 重视学生家长对教师的影响

通过打通校园足球升学途径、营造良好的足球舆论环境、普及正确的体育观念等手段，取得家长对校园足球活动的支持。当广大学生家长认识到参加体育锻炼、参加校园足球活动的重要性和必要性时，那么他们就会支持自己的孩子踢足球，支持学校开展校园足球，这也会极大影响教师的教学态度和工作动力，最终提高校园足球的开展效果。

3. 增强教师的教学自信心

可以通过多种途径提高教师的课堂教学能力，增强教师的教学自信心，这样也可以有效提高教师对校园足球工作的态度，从而促进校园足球的开展。

具体而言，有较高培训效果的校园足球教师，随着社会支持和教学效能

感的增加，教师的职业认同水平明显上升；而对于较低培训效果的校园足球教师，社会支持对其职业认同仅存在直接影响，教学效能感在二者之间不产生中介作用。这与当前学者的研究结果基本一致。行为主义的操作条件作用原理认为，当个体缺乏进行某种活动的内在动机时，通过增加强化与激励，有助于塑造个体积极的态度和行为，进而促使个体更好地获得经验、提高效能、培养内在动机，国培项目正是促进教师教学效能感和职业认同的重要激励因素。

有研究认为，教学效能感是教师对自己是否能够成功进行教学的推测和判断。当培训的效果较好时，教师会有良好的参训体验，并能够通过培训、学习丰富自身的专业知识和实践技能，进而影响自身教学效能感的发展。同时，也有研究表明，通过科学规范的培训和职业化、校园足球教师的职业认同及影响因素研究专业化培训，可以有效提高教师的职业认同水平，使其工作更符合客观环境和时代的要求。当前主要通过对校园足球教师进行培训，使教师全面把握校园足球的方针政策，提高教学与管理水平，增强责任感和使命感，为校园足球持续健康发展奠定扎实基础。

如果培训效果较好，一方面，有利于教师从思想上正确理解开展校园足球的重要意义，从实际上掌握如何对教学、管理进行具体操作；另一方面，还能够从心理上提高自己的教学自信心和效能感，促进职业认同的发展。但是对于培训效果较低的这部分教师，本研究的结果显示，社会支持并不通过教学效能感而对其职业认同产生间接影响。也就是说针对这部分教师，教学效能感在社会支持和职业认同之间不存在中介作用。这可能是因为，虽然校园足球教师国家级专项培训作为重要的外部因素可能会对教师的心理产生积极作用和影响，但是由于当前的培训在课程结构、教学教材以及资源配置等多方面存在限制，导致部分教师感到的培训效果并不好，进而使其对校园足球的认识产生偏差，甚至在心理上产生排斥、否定的情绪，影响教师的教学效能感，最终使得社会支持通过教学效能感对校园足球教师职业认同的间接作用受到影响。因而，对于这部分教师群体，社会支持和职业认同之间不存在间接作用。

因此，要重视校园足球教师在校园足球发展过程中的作用，提高校园足球教师的职业认同水平。一方面，要重视组织支持、学生家庭支持以及教学效能感的影响；另一方面，不能忽视教师培训效果的重要作用，尤其是全国范围内

的校园足球骨干师资国家级培训。通过国培，可以让参加培训的一线教师更加明确校园足球的发展方向和思路，进一步充实足球专业知识，学习校园足球的建设理念和先进的教学、训练方法，并将之运用到开展校园足球的实际中去。所以，主管部门和培训单位要通过聘请高水平的师资、提供配套的培训教材、及时收集培训对象的反馈信息等一系列措施手段，对不同地区、不同水平、不同层次的教师，有针对性地提高培训的效果，这样对校园足球教师的职业认同和教学效能感都有较大的促进作用。如果培训效果较差，不仅培训对校园足球教师的职业认同无法产生积极影响，而且来自外界社会支持对其职业认同的间接作用效果也会受培训效果的影响而无法发挥作用。因此，要重视国培效果的重要作用，通过努力提高国培的效果。这对改善校园足球教师的教学效能感和职业认同有显著影响，校园足球教师的职业认同及影响因素研究也有益于提高校园足球开展成效。

各级教育主管部门和校园足球师资培训单位要通过多种手段，面对不同层次的教师、不同水平的教师，有针对性地提高培训效果，这对提高校园足球教师的教学技能、教学信心、教学态度和职业认同水平有较大促进作用。如果培训效果较差，不仅会对教师的教学态度产生影响，而且会极大削弱来自学校领导、学生家长等外界支持的作用。